1988

Palabra Sur

Cecilia Vicuña, *Series Editor*

Other Books by Vicente Huidobro
(available in English)

THE SELECTED POETRY, *edited by David Guss*

Other Books and Translations
by Eliot Weinberger

WORKS ON PAPER

19 WAYS OF LOOKING AT WANG WEI

Octavio Paz, EAGLE OR SUN?

Octavio Paz, A DRAFT OF SHADOWS

Homer Aridjis, EXALTATION OF LIGHT

Octavio Paz, SELECTED POEMS

Jorge Luis Borges, SEVEN NIGHTS

Octavio Paz, COLLECTED POEMS: 1957–1987

• ALTAZOR •

or

A Voyage in a Parachute

(1919)

A Poem in VII Cantos
by Vicente Huidobro

TRANSLATED BY ELIOT WEINBERGER

A PALABRA SUR BOOK

GRAYWOLF PRESS

1988

An earlier version of the translation of Canto III and excerpts
from Canto IV first appeared in *The Selected Poetry of Vicente
Huidobro*, edited by David Guss (N.Y.: New Directions,
1981). Reprinted by permission of New Directions Publish-
ing Corporation.

A Palabra Sur Book. Palabra Sur is a series of translations of
significant Latin American works. The series was conceived
and is edited by Cecilia Vicuña; the series advisory board in-
cludes Suzanne Jill Levine, Magda Bogin, Gregory Rabassa,
Gregory Kolovakas, and Eliot Weinberger.

Publication of this book is made possible in part by donations
to Graywolf Press from the National Endowment for the
Arts, the Unity Avenue Foundation, the Minnesota State Arts
Board, the New York Council on the Arts, and other gener-
ous individual, corporate and foundation contributions.
Graywolf Press is a member agency of United Arts, Saint
Paul.

I S B N 1-55597-106-7
Library of Congress Catalog Card Number 87-83082
CIP Data on back page

Published by G R A Y W O L F   P R E S S
Post Office Box 75006
Saint Paul, Minnesota 55175

First printing, 1988
9   8   7   6   5   4   3   2

· INTRODUCTION ·

Yes, the imagination, drunk with prohibitions, has destroyed and recreated everything afresh in the likeness of that which it was. Now indeed men look about in amazement at each other with a full realization of the meaning of "art."—William Carlos Williams, 1923

Alto, high; *azor,* hawk. *Altazor,* a poem in seven cantos, written by a Chilean living in Paris. Begun in 1919 and published in 1931, the poem spans those extraordinarily optimistic years between the two global disasters. An age that thought itself post-apocalyptic: the war to end all wars had been fought and was over, and now there was a new world to create. A time when the West was, literally and figuratively, electrified; when the mass production of telephones, automobiles, movies, record players, toasters, radios, skyscrapers, airplanes, bridges, cameras, blimps and subways, matched an aesthetic production obsessed with celebrating the new, an aesthetics that (in Margaret Bourke-White's famous remark) found dynamos more beautiful than pearls. Painters, sculptors and photographers saw their task as making the new out of the new, dismantling and reassembling everything from egg-beaters to spark plugs to the Hoover Dam. Poets, the citizens of international progress, wrote in other languages or invented their own. Cinematic jumpcuts, verbal and visual Cubism, simultaneity and collage: on the page and on the canvas, all time collapsed into the single moment of now. "Speed," said Norman Bel Geddes, who redesigned the world, "is the cry of our era," and *Altazor* is, among other things, surely the fastest-reading long poem ever written. What other poem keeps reminding us to hurry up, that there's no time to lose? Vicente Huidobro (1893–1948) arrived in Paris in 1916 and stayed in the thick of it. Bilingual poet, novelist, screenplay writer, war correspondent, painter, propagandist, self-promoter, founder of newspapers and literary magazines (the first, *Nord-Sud,* edited with Apollinaire and Reverdy), candidate for President of Chile. He is the least-known member of the Spanish American quaternity (with Vallejo, Neruda and Paz). His biography, alas, has never been written, but his portrait was painted by Picasso, Gris and Arp.

"Contemporary poetry," he wrote, "begins with me," and, at least for his own language, it was no exaggeration: his Cubist poems of 1917 and 1918, exploding over the page, effectively pulled Spanish poetry out of its symbolist *modernismo* and into international modernism. Huidobro's banner, in the proliferation of isms, was Creationism—a movement of which he was the only member—which declared that poetry, the gloss on or simulacrum of reality, was dead. In the new world, the poets, "little gods," would invent their own worlds: "Why sing of roses, oh Poets? Make them bloom in the poem." It was a movement that was simultaneously modern, in its belief that in the new era human imagination would be able to do anything, and archaic, reflecting the contemporary preoccupation with the "primitive," particularly the spells and charms of sympathetic magic. Whether or not he succeeded in making the roses bloom—and who's to say?—Huidobro did, as you'll see, make them speak, and in their own language.

His masterpiece was *Altazor,* a poem that begins in the ruins of the war—the date 1919 appears on the title page to locate the poem, not its composition—and rushes headlong into the future, as its hero, Altazor, the "antipoet," hurtles through space. The century's great paean to flight, its unnamed icon is Charles Lindbergh (to whom Huidobro attempted to erect a monument in New York). In *Altazor* the high-hawk aeronaut is the new Christ, the liberator, and the airplane his Cross: not as an agent of suffering, but as a vehicle for ascension. It is curious that the American expatriate poet and sun-worshipper Harry Crosby described watching Lindbergh's landing in his diaries (unpublished until 1977) in precisely these terms:

> Then sharp swift in the gold glare of the searchlights a small white hawk of a plane swoops hawk-like down and across the field—C'est lui Lindbergh, LINDBERGH! and there is pandemonium wild animals let loose and a stampede toward the plane . . . and it seems as if all the hands in the world are touching or trying to touch the new Christ and that the new Cross is the Plane . . . Ce n'est pas un homme, c'est un Oiseau!

Most important, the new Christ was taking us not to the moon and stars of the ballads, but into Einstein space, a place where speed is capable of telescoping time, but where the obstacle to total simultaneity is mass. *Altazor* is a poem of falling, not back to earth—though certain critics have insisted on reading it as a version of the Icarus myth—but out into space. The faster Altazor falls, the faster the poem reads (the fireworks really beginning with Canto III). As his body burns up like a meteor, mass transforming into energy, all ages become contemporaneous, the tombs open—the poem is also a product of Tutmania—and all places become one. Above all, the old language of poetry is consumed with the body of the poet, and a new language, progressively more radical, is created. By the last canto, the poet has become pure energy, a language of pure sound: contrary to the pentecost, the poet has risen into, has become, the tongues of flame. Altazor is both an archaic shaman, leaving his body to travel to other worlds, and the new aeronaut who, like the polar explorers—and Huidobro was obsessed with polar explorers—travels into the realms of nothingness, the "infiniternity," regardless of the small hope of coming back.

There are very few commentaries on *Altazor* in English, and all of them state, as though it were a matter of fact, that the last cantos of the poem are untranslatable. This is obviously a pessimism I don't share. For me, poetry is not what gets lost in translation; poetry is that which is worth translating. The "untranslatable" poem is simply one which has not yet found its translator.

In working on *Altazor,* I have attempted, for better or worse, to translate everything—all the manic rhymes, word plays, free-floating syllables and neologisms—without resorting to the explanatory footnotes which would have created a critical edition and not a poem. Readers who know no Spanish may well wonder how much of the original they are "getting" in this English.

Whenever possible, I stuck closely to the literal, dictionary reading while attempting to recreate the musical effects and word plays. The "mill" section, for example, with its 235 identical rhymes—a "trance music" decades before Glass and Reich, both a magic spell and a mimicry of monotonous machinery—is largely translated literally, with a few words that are either associative or play in some way with the Spanish. In a few passages—most notably the "swallows" section—I let the music of the English spin out its own variations, with literal translations sometimes occurring elsewhere in the section (rather than in the corresponding line), and sometimes not at all. With puns, I tried to include as many of the elements as I could, while occasionally adding a few that exist only in English. With the neologisms, particularly in Canto VII, I attempted to identify the various components of the word—identifications which no two Spanish readers could ever agree upon—and incorporate literal translations of the bits into my own invented words. Mainly I tried to write the English text with Huidobro's vision of poetry: as a divine game of language. Although this is a translation and not an "imitation," it is quite possible that another English version would be utterly dissimilar to this one, seemingly based on another poem. The game of *Altazor* has an infinite number of moves, and I look forward to its next translation match.

Four friends have, at various times, urged me on my free-fall through Huidobro space. Octavio Paz sent me off into *Altazor* at our first meeting, twenty years ago, by reciting the "golondrinas" passage. In 1974, the late, deeply missed, Emir Rodríguez Monegal asked me to translate Canto III for his *Borzoi Anthology of Latin American Literature*. Soon after, David Guss asked for a section of Canto IV for his excellent *Selected Poems of Vicente Huidobro*, which was published by New Directions in 1981 and remains the only other Huidobro book in English. And finally the Chilean poet Cecilia Vicuña not only commissioned a complete translation of the poem to inaugurate her extremely promising Palabra Sur series, but also spent countless hours helping me to unravel hundreds of words and phrases. Without her this book would not have occurred.

"Here begins the unexplored territory."

ELIOT WEINBERGER
3 JANUARY 1988

• ALTAZOR •

or

A Voyage in a Parachute

• PREFACIO •

Nací a los treinta y tres años, el día de la muerte de Cristo; nací en el Equinoccio, bajo las hortensias y los aeroplanos del calor.

Tenía yo un profundo mirar de pichón, de túnel y de automóvil sentimental. Lanzaba suspiros de acróbata.

Mi padre era ciego y sus manos eran más admirables que la noche.

Amo la noche, sombrero de todos los días.

La noche, la noche del día, del día al día siguiente.

Mi madre hablaba como la aurora y como los dirigibles que van a caer. Tenía cabellos color de bandera y ojos llenos de navíos lejanos.

Una tarde, cogí mi paracaídas y dije: «Entre una estrella y dos golondrinas.» He aquí la muerte que se acerca como la tierra al globo que cae.

Mi madre bordaba lágrimas desiertas en los primeros arcosiris.

Y ahora mi paracaídas cae de sueño en sueño por los espacios de la muerte.

El primer día encontré un pájaro desconocido que me dijo: «Si yo fuese dromedario no tendría sed. ¿Qué hora es?» Bebió las gotas de rocío de mis cabellos, me lanzó tres miradas y media y se alejó diciendo: «Adiós» con su pañuelo soberbio.

Hacia las dos aquel día, encontré un precioso aeroplano, lleno de escamas y caracoles. Buscaba un rincón del cielo donde guarecerse de la lluvia.

Allá lejos, todos los barcos anclados, en la tinta de la aurora.

I was born at the age of 33 on the day Christ died; I was born at the Equinox, under the hydrangeas and the airplanes of the heat.

I had the soulful gaze of a pigeon, a tunnel, a sentimental motorcar. I heaved sighs like an acrobat.

My father was blind and his hands were more wonderful than the night.

I love the night, the hat of every day.

The night, the night of day, from one day to the next.

My mother spoke like the dawn, like blimps about to fall. Her hair was the color of a flag and her eyes were full of far-off ships.

One day I gathered up my parachute and said: "Between two swallows and a star." Here is death approaching like the earth to a falling balloon.

My mother embroidered abandoned tears on the first rainbows.

And now my parachute drops from dream to dream through the spaces of death.

The first day I met a strange bird who said: "If I were a camel I'd know no thirst. What time is it?" It drank the dewdrops in my hair, threw me 3½ glances and went off saying "Goodbye" with its pompous handkerchief.

At around two that afternoon, I met a charming airplane, full of fishscales and shells. It was searching for some corner in the sky to take shelter from the rain.

There, far off, all the boats were anchored in the ink of dawn.

De pronto, comenzaron a desprenderse, uno a uno, arrastrando como pabellón girones de aurora incontestable.

Junto con marcharse los últimos, la aurora desapareció tras algunas olas desmesuradamente infladas.

Entonces oí hablar al Creador, sin nombre, que es un simple hueco en el vacío, hermoso como un ombligo.

«Hice un gran ruido y este ruido formó el océano y las olas del océano.

«Este ruido irá siempre pegado a las olas del mar y las olas del mar irán siempre pegadas a él, como los sellos en las tarjetas postales.

«Después tejí un largo bramante de rayos luminosos para coser los días uno a uno; los días que tienen un oriente legítimo o reconstituído, pero indiscutible.

«Después tracé la geografía de la tierra y las líneas de la mano.

«Después bebí un poco de cognac (a causa de la hidrografía).

«Después creé la boca y los labios de la boca. para aprisionar las sonrisas equívocas y los dientes de la boca para vigilar las groserías que nos vienen a la boca.

«Creé la lengua de la boca que los hombres desviaron de su rol, haciéndola aprender a hablar... a ella, ella, la bella nadadora, desviada para siempre de su rol acuático y puramente acariciador.»

Mi paracaídas empezó a caer vertiginosamente. Tal es la fuerza de atracción de la muerte y del sepulcro abierto.

Podéis creerlo, la tumba tiene más poder que los ojos de la amada. La tumba abierta con todos sus imanes. Y esto te lo digo a ti, a ti que cuando sonríes haces pensar en el comienzo del mundo.

Mi paracaídas se enredó en una estrella apagada que seguía su órbita concienzudamente, como si ignorara la inutilidad de sus esfuerzos.

Y aprovechando este reposo bien ganado, comencé a llenar con profundos pensamientos las casillas de mi tablero:

«Los verdaderos poemas son incendios. La poesía se propaga

One by one they came loose from their moorings, dragging pennants of indisputable dawn like the national colors.

And as the last ones drifted off, dawn disappeared behind some immoderately swollen waves.

Then I heard the voice of the Creator, who is nameless, who is a simple hollow in space, lovely as a navel.

"I created a great crashing sound and that sound formed the oceans and the ocean waves.

"That sound will be stuck forever to the waves of the sea and the waves of the sea will be stuck forever to that sound, like stamps to a postcard.

"Then I braided a great cord of luminous rays to stitch each day to the next; the days with their (original or reconstructed) undeniable dawns.

"Then I etched the geography of the earth and the lines of the hand.

"Then I drank a little cognac (for hydrographic reasons).

"Then I created the mouth, and the lips of the mouth to confine ambiguous smiles, and the teeth of the mouth to guard against the improprieties that come to our mouths.

"I created the tongue of the mouth which man diverted from its role to make it learn to speak. . . to her, to her, the beautiful swimmer, forever diverted from her aquatic and purely sensual role."

My parachute began to dizzyingly drop. Such is the force of the attraction of death, of the open grave.

Better believe it, the tomb has more power than a lover's eyes. The open tomb with all its charms. And I say it even to you, you whose smile inspires thoughts of the origin of the world.

My parachute caught on a burnt-out star conscientiously continuing its orbit, as if it didn't know the uselessness of such efforts.

And taking advantage of this well-earned rest, I began to fill the little squares of my chessboard with deep thoughts.

"True poems are fires. Poetry is propagating everywhere, its

por todas partes, iluminando sus consumaciones con estremecimientos de placer o de agonía.

«Se debe escribir en una lengua que no sea materna.

«Los cuatro puntos cardinales son tres: el Sur y el Norte.

«Un poema es una cosa que será.

«Un poema es una cosa que nunca es, pero que debiera ser.

«Un poema es una cosa que nunca ha sido, que nunca podrá ser.

«Huye del sublime externo, si no quieres morir aplastado por el viento.

«Si yo no hiciera al menos una locura por año, me volvería loco.»

Tomo mi paracaídas, y del borde de mi estrella en marcha, me lanzo a la atmósfera del último suspiro.

Ruedo interminablemente sobre las rocas de los sueños, ruedo entre las nubes de la muerte.

Encuentro a la Virgen sentada en una rosa, y me dice:

«Mira mis manos: son trasparentes como las bombillas eléctricas. ¿Ves los filamentos de donde corre la sangre de mi luz intacta?

«Mira mi aureola. Tiene algunas saltaduras, lo que prueba mi ancianidad.

«Soy la Virgen, la Virgen sin mancha de tinta humana, la única que no lo sea a medias, y soy la capitana de las otras once mil que estaban en verdad demasiado restauradas.

«Hablo una lengua que llena los corazones según la ley de las nubes comunicantes.

«Digo siempre adiós, y me quedo.

«Amame, hijo mío, pues adoro tu poesía y te enseñaré proezas aéreas.

«Tengo tanta necesidad de ternura, besa mis cabellos, los he lavado esta mañana en las nubes del alba y ahora quiero dormirme sobre el colchón de la neblina intermitente.

«Mis miradas son un alambre en el horizonte para el descanso de las golondrinas.

conquests lit with shivers of pleasure or pain.

"One should write in a language that is not the mother tongue.

"The four cardinal points are three: South and North.

"A poem is something that will be.

"A poem is something that never is, but ought to be.

"A poem is something that never has been, that never can be.

"Flee from the external sublime, if you don't want to die flattened by the wind.

"If I didn't do something crazy at least once a year I'd go crazy."

Grabbing my parachute, I leap from the edge of my speeding star into the stratosphere of the last sigh.

I wheel endlessly over cliffs of dreams, I wheel through clouds of death.

I meet the Virgin, seated on a rose, who says:

"Look at my hands, as transparent as light bulbs. Do you see the filaments where the blood of my pure light flows?

"Look at my halo. It has a few cracks in it, a proof of my antiquity.

"I am the Virgin, the Virgin without human stain, there's nothing halfway about me, and I am the captain of the other eleven thousand—who were, in fact, excessively restored.

"I speak in a language that fills the heart according to the laws of the communicant clouds.

"I always say goodbye, and stay.

"Love me, my child, for I adore your poetry and I will teach you aerial prowess.

"I have such a need for tenderness, kiss my hair, I washed it this morning in the clouds of dawn, and now I want to sleep on the mattress of occasional drizzle.

"My glances are a wire on the horizon where swallows rest.

«Amame.»

Me puse de rodillas en el espacio circular y la Virgen se elevó y vino a sentarse en mi paracaídas.

Me dormí y recité entonces mis más hermosos poemas.

Las llamas de mi poesía secaron los cabellos de la Virgen, que me dijo gracias y se alejó, sentada sobre su rosa blanca.

Y héme aquí solo, como el pequeño huérfano de los naufragios anónimos.

Ah, qué hermoso... qué hermoso.

Veo las montañas, los ríos, las selvas, el mar, los barcos, las flores y los caracoles.

Veo la noche y el día y el eje en que se juntan.

Ah, ah, soy Altazor, el gran poeta, sin caballo que coma alpiste, ni caliente su garganta con claro de luna, sino con mi pequeño paracaídas como un quitasol sobre los planetas.

De cada gota del sudor de mi frente hice nacer astros, que os dejo la tarea de bautizar como a botellas de vino.

Lo veo todo, tengo mi cerebro forjado en lenguas de profeta.

La montaña es el suspiro de Dios, ascendiendo en termómetro hinchado hasta tocar los pies de la amada.

Aquél que todo lo ha visto, que conoce todos los secretos sin ser Walt Whitman, pues jamás he tenido una barba blanca como las bellas enfermeras y los arroyos helados.

Aquél que oye durante la noche los martillos de los monederos falsos, que son solamente astrónomos activos.

Aquél que bebe el vaso caliente de la sabiduría después del diluvio obedeciendo a las palomas y que conoce la ruta de la fatiga, la estela hirviente que dejan los barcos.

Aquél que conoce los almacenes de recuerdos y de bellas estaciones olvidadas.

El, el pastor de aeroplanos, el conductor de las noches extraviadas y de los ponientes amaestrados hacia los polos únicos.

Su queja es semejante a una red parpadeante de aerolitos sin testigo.

"Love me."

I got down on my knees in that circular space and the Virgin rose and sat on my parachute.

I slept, and then recited my most beautiful poems.

The flames of my poetry dried the Virgin's hair. She thanked me and went off, seated on her soft rose.

And here I am, alone like the little orphan of anonymous shipwrecks.

Oh how beautiful... how beautiful.

I can see mountains, rivers, forests, the sea, boats, flowers, seashells.

I can see night and day and the axis where they meet.

Oh yes I am Altazor, the great poet, without a horse that eats birdseed or warms its throat with moonbeams, with only my little parachute like a parasol over the planets.

From each bead of sweat on my forehead I give birth to stars, which I leave you the task of baptizing with a little water, like a doctored bottle of wine.

I can see it all, my mind is forged in the tongues of prophets.

The mountain is the sigh of God, rising in its swelling thermometer till it touches the feet of the beloved.

He who has seen it all, who knows all the secrets without being Walt Whitman, for I've never had a beard white as beautiful nurses and frozen streams.

He who hears in the night the hammers of the counterfeiters, who are only diligent astronomers.

He who drinks the warm glass of knowledge after the flood, obedient to the doves, and who knows the way of weariness, the boiling wake the ships leave behind.

He who knows the storehouses of memories, of beautiful forgotten seasons.

He, shepherd of airplanes, guide to the unmatched poles for mislaid nights and experienced west winds.

His whimpering is a blinking net of unwitnessed aerolites.

El día se levanta en su corazón y él baja los párpados para hacer la noche del reposo agrícola.

Lava sus manos en la mirada de Dios, y peina su cabellera como la luz y la cosecha de esas flacas espigas de la lluvia satisfecha.

Los gritos se alejan como un rebaño sobre las lomas cuando las estrellas duermen después de una noche de trabajo continuo.

El hermoso cazador frente al bebedero celeste para los pájaros sin corazón.

Sé triste tal cual las gacelas ante el infinito y los meteoros, tal cual los desiertos sin mirajes.

Hasta la llegada de una boca hinchada de besos para la vendimia del destierro.

Sé triste, pues ella te espera en un rincón de este año que pasa.

Está quizá al extremo de tu canción próxima y será bella como la cascada en libertad y rica como la línea ecuatorial.

Sé triste, más triste que la rosa, la bella jaula de nuestras miradas y de las abejas sin experiencia.

La vida es un viaje en paracaídas y no lo que tú quieres creer.

Vamos cayendo, cayendo de nuestro zenit a nuestro nadir y dejamos el aire manchado de sangre para que se envenenen los que vengan mañana a respirarlo.

Adentro de ti mismo, fuera de ti mismo, caerás del zenit al nadir porque ese es tu destino, tu miserable destino. Y mientras de más alto caigas, más alto será el rebote, más larga tu duración en la memoria de la piedra.

Hemos saltado del vientre de nuestra madre o del borde de una estrella y vamos cayendo.

Ah, mi paracaídas, la única rosa perfumada de la atmósfera, la rosa de la muerte, despeñada entre los astros de la muerte.

¿Habéis oído? Ese es el ruido siniestro de los pechos cerrados.

Abre la puerta de tu alma y sal a respirar al lado afuera. Puedes abrir con un suspiro la puerta que haya cerrado el huracán.

The day rises in his heart and he lowers his eyelids to create the night of agricultural rest.

He washes his hands in the sight of God, and combs his hair like the light, like the harvest of those thin grains of contented rain.

Shouts wander off like a flock over the hills when the stars sleep after a night of continual labor.

The beautiful hunter faces the cosmic waterhole for heartless birds.

Be sad, like gazelles before the infinite and the meteors, like deserts without mirages.

Until the appearance of a mouth swollen with kisses for the vintage of exile.

Be sad, for she waits for you in a corner of this passing year.

Perhaps she's at the end of your next song, and she'll be as beautiful as a free-falling waterfall and as rich as the equatorial line.

Be sad, sadder than the rose, that beautiful cage for glances and inexperienced bees.

Life is a parachute voyage and not what you'd like to think it is.

So let's fall, falling from our heights to our depths, let's leave the air stained with blood, so that those who breathe it tomorrow will be poisoned.

Inside yourself, outside yourself, you'll fall from high to low, for that is your fate, your miserable fate. And the greater the height from which you fall, the higher you'll rebound, the longer you'll remain in the memory of stone.

We have leapt from the belly of our mother, or from the edge of a star, and we're falling.

Oh my parachute, the only perfumed rose of the stratosphere, the rose of death, cascading through the stars of death.

Have you heard it? It is the sinister sound of closed chests.

Open the gate of your soul and get out and breathe. With a sigh you can open the gate it took a hurricane to close.

Hombre, he ahí tu paracaídas maravilloso como el vértigo.

Poeta, he ahí tu paracaídas, maravilloso como el imán del abismo.

Mago, he ahí tu paracaídas que una palabra tuya puede convertir en un parasubidas maravilloso como el relámpago que quisiera cegar al creador.

¿Qué esperas?

Mas he ahí el secreto del Tenebroso que olvidó sonreir.

Y el paracaídas aguarda amarrado a la puerta como el caballo de la fuga interminable.

Here's your parachute, Man, wonderful as vertigo.

Here's your parachute, Poet, wonderful as the charms of the chasm.

Here's your parachute, Magician, that one word of yours can transform into a parashot, wonderful as the lightning bolt that wants to blind the creator.

What are you waiting for?

But here is the secret of the Gloom that forgot how to smile.

The parachute waits tied to the gate like the endlessly runaway horse.

• C A N T O   I •

Altazor ¿por qué perdiste tu primera serenidad?
¿Qué angel malo se paró en la puerta de tu sonrisa
Con la espada en la mano?
¿Quién sembró la angustia en las llanuras de tus ojos como el
    adorno de un dios?
¿Por qué un día de repente sentiste el terror de ser?
Y esa voz que te gritó vives y no te ves vivir
¿Quién hizo converger tus pensamientos al cruce de todos los
    vientos del dolor?
Se rompió el diamante de tus sueños en un mar de estupor
Estás perdido Altazor
Solo en medio del universo
Solo como una nota que florece en las alturas del vacío
No hay bien no hay mal ni verdad ni orden ni belleza
¿En dónde estás Altazor?

La nebulosa de la angustia pasa como un río
Y me arrastra según la ley de las atracciones
La nebulosa en olores solidificada huye su propia soledad
Siento un telescopio que me apunta como un revólver
La cola de un cometa me azota el rostro y pasa relleno de
    eternidad
Buscando infatigable un lago quieto en donde refrescar su tarea
    ineludible

• C A N T O I •

Altazor why did you ever lose your young serenity?
What evil angel stopped at the door of your smile
With sword in hand?
Who scattered affliction over the plains of your eyes like the
    adornments of a god?
Why did you suddenly one day feel the terror of being?
And that voice that shouted at you you live and you don't see
    yourself living
Who made your thoughts converge at the crossroads of the
    winds of pain?
The diamond of your dreams shattered in a sea of stupor
You're lost Altazor
Alone in the middle of the universe
Alone like a note flowering in the heights of space
There's no good no evil no truth no order no beauty
Where are you Altazor?

The galaxy of affliction moves like a river
And drags me along by the law of attractions
The galaxy solidified into scent escapes from its solitude
And I can feel a telescope pointed at me like a revolver
The tail of a comet lashes my face and moves on stuffed with
    eternity
Endlessly searching for a peaceful lake a break from compulsory
    labor

Altazor morirás Se secará tu voz y serás invisible
La tierra seguirá girando sobre su órbita precisa
Temerosa de un traspiés como el equilibrista sobre el alambre
      que ata las miradas del pavor
En vano buscas ojo enloquecido
No hay puerta de salida y el viento desplaza los planetas
Piensas que no importa caer eternamente si se logra escapar
¿No ves que vas cayendo ya?
Limpia tu cabeza de prejuicio y moral
Y si queriendo alzarte nada has alcanzado
Déjate caer sin parar tu caída sin miedo al fondo de la sombra
Sin miedo al enigma de ti mismo
Acaso encuentres una luz sin noche
Perdida en las grietas de los precipicios

Cae
    Cae eternamente
Cae al fondo del infinito
Cae al fondo del tiempo
Cae al fondo de ti mismo
Cae lo más bajo que se pueda caer
Cae sin vértigo
A través de todos los espacios y todas las edades
A través de todas las almas de todos los anhelos y todos los
    naufragios
Cae y quema al pasar los astros y los mares
Quema los ojos que te miran y los corazones que te aguárdan
Quema el viento con tu voz
El viento que se enreda en tu voz
Y la noche que tiene frío en su gruta de huesos

Cae en infancia
Cae en vejez

Altazor you will die your voice will dry up you'll become
    invisible
The earth will go on spinning in its calculated orbit
Afraid of a slip like an acrobat on the high-wire stretched
    between glances of fear
Uselessly you search with crazed eyes
There's no exit and the wind drives out the planets
You think this perpetual falling doesn't matter if you can
    manage to escape
Don't you see you're still falling?
Clear your head of prejudice and morals
And if in trying to soar you've gotten nowhere
Let yourself fall endlessly fearlessly fall to the depths of
    darkness
Unafraid of the mystery of your self
And perhaps you'll find a darkless light
Lost in the cracks of the cliffs

Fall
        Perpetually fall
Fall to the depths of the infinite
Fall to the depths of time
Fall to the depths of your self
Fall as far as you can fall
Dizzilessly fall
Across all space across all ages
Across all the souls of all the desperate and all the shipwrecked
Fall and burn past stars and seas
Burn the eyes that watch you the hearts that await you
Burn the wind with your voice
The wind tangled in your voice
And the night freezing in its cave of bones

Fall into childhood
Fall into senility

Cae en lágrima
Cae en risas
Cae en música sobre el universo
Cae de tu cabeza a tus pies
Cae de tus pies a tu cabeza
Cae del mar a la fuente
Cae al último abismo de silencio
Como el barco que se hunde apagando sus luces

Todo se acabó
El mar antropófago golpea la puerta de las rocas despiadadas
Los perros ladran a las horas que se mueren
Y el cielo escucha el paso de las estrellas que se alejan
Estás solo
Y vas a la muerte derecho como un iceberg que se desprende
        del polo
Cae la noche buscando su corazón en el océano
La mirada se agranda como los torrentes
Y en tanto que las olas se dan vuelta
La luna niño de luz se escapa de alta mar
Mira este cielo lleno
Más rico que los arroyos de las minas
Cielo lleno de estrellas que esperan el bautismo
Todas esas estrellas salpicaduras de un astro de piedra lanzado
        en las aguas eternas
No saben lo que quieren ni si hay redes ocultas más alla
Ni qué mano lleva las riendas
Ni qué pecho sopla el viento sobre ellas
Ni saben si no hay mano y no hay pecho
Las montañas de pesca
Tienen la altura de mis deseos
Y yo arrojo fuera de la noche mis últimas angustias
Que los pájaros cantando dispersan por el mundo

Fall into tears
Fall into laughter
Fall into music over the universe
Fall from your head to your feet
Fall from your feet to your head
Fall from the sea to the source
Fall to the final pit of silence
Like a sinking ship with its lights going out

Everything stopped
The cannibal sea beats at the gates of the ruthless cliffs
Dogs howl at the dying hours
And the sky listens for the footsteps of stars slipping away
You're alone
Heading straight for death like an iceberg broken loose from
        'the pole
Night falls searching the sea for its heart
Gazes grow into torrents
And as the waves circle round
The moon child of light escapes the high seas
Look at this full sky
Richer than the sluices of the mines
A sky full of stars that await baptism
All of those heavenly bodies splashed by a star hurling into the
        eternal waters
They don't know what they want don't know there are nets
        hidden further along
Don't know what hands hold the reins
What lungs puff the wind over them
They don't know if there are no hands or there are no lungs
Mountains of fish
Are the heights of my desires
And I fling my last afflictions beyond the night
That the singing birds may scatter them around the world

Reparad el motor del alba
En tanto me siento al borde de mis ojos
Para asistir a la entrada de las imágenes

Soy yo Altazor
Altazor
Encerrado en la jaula de su destino
En vano me aferro a los barrotes de la evasión posible
Una flor cierra el camino
Y se levantan como la estatua de las llamas
La evasión imposible
Más débil marcho con mis ansias
Que un ejército sin luz en medio de emboscadas

Abrí los ojos en el siglo
En que moría el cristianismo
Retorcido en su cruz agonizante
Ya va a dar el último suspiro
¿Y mañana qué pondremos en el sitio vacío?
Pondremos un alba o un crepúsculo
¿Y hay que poner algo acaso?
La corona de espinas
Chorreando sus últimas estrellas se marchita
Morirá el cristianismo que no ha resuelto ningún problema
Que sólo ha enseñado plegarias muertas
Muere después de dos mil años de existencia
Un cañoneo enorme pone punto final a la era cristiana
El Cristo quiere morir acompañado de millones de almas
Hundirse con sus templos
Y atravesar la muerte con un cortejo immenso
Mil aeroplanos saludan la nueva era
Ellos son los oráculos y las banderas

Hace seis meses solamente
Dejé la ecuatorial recién cortada

Fix the engine of dawn
While I sit at the edge of my eyes
Watching the images come in

Altazor am I
Altazor
Trapped in the prison of his fate
Uselessly shaking the bars of possible escape
A flower blocks the way
And the bars rise like a statue of flames
Impossible escape
I walk in misery weaker
Than an army without lights in the middle of an ambush

My eyes opened in the century
When Christianity died
Writhing on its cross of slow death
It has yet to heave its last sigh
And tomorrow what will we put in its place?
A dawn or a sunset
Must we replace it at all?
The crown of thorns
Withers dripping its last stars
Christianity will die it never solved any problems
It only taught dead prayers
It will die after 2000 years of existence
A great cannonade will put an end to the Christian era
Christ wants to die accompanied by millions of souls
Sinking with his temples
And crossing death with an enormous entourage
A thousand airplanes hail the new era
They are its oracles and its banners

Only six months ago
I left the equatorial line freshly carved

En la tumba guerrera del esclavo paciente
Corona de piedad sobre la estupidez humana
Soy yo que estoy hablando en este año de 1919
Es el invierno
Ya La Europa enterró todos sus muertos
Y un millar de lágrimas hacen una sola cruz de nieve
Mirad esas estepas que sacuden las manos
Millones de obreros han comprendido al fin
Y levantan al cielo sus banderas de aurora
Venid venid os esperamos porque sois la esperanza
La única esperanza
La última esperanza

Soy yo Altazor el doble de mí mismo
El que se mira obrar y se ríe del otro frente a frente
El que cayó de las alturas de su estrella
Y viajó veinticinco años
Colgado al paracaídas de sus propios prejuicios
Soy yo Altazor el del ansia infinita
Del hambre eterno y descorazonado
Carne labrada por arados de angustia
¿Cómo podré dormir mientras haya adentro tierras
       desconocidas?
Problemas
Misterios que se cuelgan a mi pecho
Estoy solo
La distancia que va de cuerpo a cuerpo
Es tan grande como la que hay de alma a alma
Solo
     Solo
          Solo
Estoy solo parado en la punta del año que agoniza
El universo se rompe en olas a mis pies
Los planetas giran en torno a mi cabeza
Y me despeinan al pasar con el viento que desplazan

On the uniformed tomb of the patient slave
A crown of piety placed on human stupidity
It is I who speak in the year 1919
It's winter
Europe has now buried all its dead
And a thousand tears form a single cross of snow
Look at those steppes shimmering with hands
Millions of workers have understood at last
And raise to the sky their banners of dawn
Come come we're waiting for you for you are the hope
The only hope
The last hope

I am Altazor the double of my self
He who watches himself at work and laughs in his face
He who fell from the heights of his star
And traveled for 25 years
Hanging in the parachute of his own prejudices
I am Altazor he of infinite longing
Of eternal hunger and dejection
Flesh furrowed by plows of affliction
How can I sleep when there are unknown lands within?
Dilemmas
Mysteries hanging on my chest
I'm alone
The distance that stretches from body to body
Is as great as that from soul to soul
Alone
    Alone
        Alone
I am alone standing at the tip of the slow-dying year
The universe breaks in waves at my feet
Planets whirl about my head
Rumpling my hair in the wind that rushes by

Sin dar una respuesta que llene los abismos
Ni sentir este anhelo fabuloso que busca en la fauna del cielo
Un ser materno donde se duerma el corazón
Un lecho a la sombra del torbellino de enigmas
Una mano que acaricie los latidos de la fiebre
Dios diluído en la nada y el todo
Dios todo y nada
Dios en las palabras y en los gestos
Dios mental
Dios aliento
Dios joven Dios viejo
Dios pútrido
                    lejano y cerca
Dios amasado a mi congoja

Sigamos cultivando en el cerebro las tierras del error
Sigamos cultivando las tierras veraces en el pecho
Sigamos
Siempre igual como ayer mañana y luego y después
No
No puede ser   Cambiemos nuestra suerte
Quememos nuestra carne en los ojos del alba
Bebamos la tímida lucidez de la muerte
La lucidez polar de la muerte
Canta el caos al caos que tiene pecho de hombre
Llora de eco en eco por todo el universo
Rodando con sus mitos entre alucinaciones
Angustia de vacío en alta fiebre
Amarga conciencia del vano sacrificio
De la experiencia inútil del fracaso celeste
Del ensayo perdido
Y aún después que el hombre haya desaparecido
Que hasta su recuerdo se queme en la hoguera del tiempo
Quedará un gusto a dolor en la atmósfera terrestre

Without giving an answer that would fill the abyss
Without feeling this fantastic desperation that searches among
        the fauna of the sky
For a maternal being where the heart may sleep
A shady bed in the whirlwind of mysteries
A hand to stroke the throbbing fever
God diluted in the nothing in the all
God all and nothing
God in words and deeds
Mental God
Spirit God
Young God Old God
Putrid God
                far and near
God molded in the shape of my dismay

So let us go on cultivating fields of error in our brains
Let us go on cultivating fields of truth in our chests
Let us go on
Always the same as yesterday tomorrow and later and then
No
It can't be   We must change our luck
Burn our flesh in the eyes of dawn
Drink the pale lucidity of death
The polar lucidity of death
Chaos sings to the chaos that has a human chest
It weeps echoing through the universe
Spinning past hallucinations with its myths
The high-fever afflictions of space
The bitter conscience of the useless sacrifice
Of the worthless experience of the cosmic disaster
Of the failed experiment
And yet after man has disappeared
His memory burnt in the blazes of time
A little taste of pain will linger in the terrestial atmosphere

Tantos siglos respirada por miserables pechos plañideros
Quedará en el espacio la sombra siniestra
De una lágrima inmensa
Y una voz perdida aullando desolada
Nada nada nada
No
No puede ser
Consumamos el placer
Agotemos la vida en la vida
Muera la muerte infiltrada de rapsodias langurosas
Infiltrada de pianos tenues y banderas cambiantes como
      crisálidas
Las rocas de la muerte se quejan al borde del mundo
El viento arrastra sus florescencias amargas
Y el desconsuelo de las primaveras que no pueden nacer
Todas son trampas
                  trampas del espíritu
Transfusiones eléctricas de sueño y realidad
Oscuras lucideces de esta larga desesperación petrificada en
      soledad
Vivir vivir en las tinieblas
Entre cadenas de anhelos tiránicos collares de gemidos
Y un eterno viajar en los adentros de sí mismo
Con dolor de límites constantes y vergüenza de angel
      estropeado
Burla de un dios nocturno
Rodar rodar rotas las antenas en medio del espacio
Entre mares alados y auroras estancadas

Yo estoy aquí de pie ante vosotros
En nombre de una idiota ley proclamadora
De la conservación de las especies
Inmunda ley
Villana ley arraigada a los sexos ingenuos
Por esa ley primera trampa de la inconciencia

So many centuries gasped by miserable heaving chests
The sinister shadow of an enormous tear
Will linger in space
And a lost desolate voice moaning
Nothing nothing nothing
No
It can't be
We must devour pleasure
Use up all the life in life
Kill the death infiltrated by lugubrious rhapsodies
By delicate pianos and banners that change like chrysalids
The rocks of death groan at the edge of the world
The wind drags its bitter flowers
And the grief of springs that cannot be born
Everything is a trap
                              A trap of the spirit
An electrical transfusion of dream and reality
The dark lucidity of this huge despair petrified in solitude
To live live in darkness
In the chains of tyrannical desperation collars of screams
And an endless voyaging in the interiors of the self
With the pain of constant limits the shame of a crippled angel
The ridicule of a god of night
To revolve and revolve broken antennae in the middle of space
Through winged seas and stagnant dawns

I am standing here before you
In the name of an idiot law that proclaims
The preservation of the species
A vile law
A villainous law rooted in ingenuous sexes
On account of this law the primary trap of the unconscious

El hombre se desgarra
Y se rompe en aullidos mortales por todos los poros de su
     tierra
Yo estoy aquí de pie entre vosotros
Se me caen las ansias al vacío
Se me caen los gritos a la nada
Se me caen al caos las blasfemias
Perro del infinito trotando entre astros muertos
Perro lamiendo estrellas y recuerdos de estrella
Perro lamiendo tumbas
Quiero la eternidad como una paloma en mis manos

Todo ha de alejarse en la muerte esconderse en la muerte
Yo tú él nosotros vosotros ellos
Ayer hoy mañana
Pasto en las fauces del insaciable olvido
Pasto para la rumia eterna del caos incansable
Justicia ¿qué has hecho de mí Vicente Huidobro?
Se me cae el dolor de la lengua y las alas marchitas
Se me caen los dedos muertos uno a uno
¿Qué has hecho de mi voz cargada de pájaros en el atardecer
La voz que me dolía como sangre?
Dadme el infinito como una flor para mis manos

Seguir
No. Basta ya
Seguir cargado de mundos de países de ciudades
Muchedumbres aullidos
Cubierto de climas hemisferios ideas recuerdos
Entre telarañas de sepulcros y planetas conscientes
Seguir del dolor al dolor del enigma al enigma
Del dolor de la piedra al dolor de la planta
Porque todo es dolor
Dolor de batalla y miedo de no ser

Man leads a wicked life
And breaks down into a mortal howling through all the pores
    of the earth
I am here standing among you
My longings falling through space
My screams falling into nothing
My curses falling into chaos
A dog of the infinite trotting among dead planets
A dog licking stars and star memories
A dog licking crypts
I want eternity like a dove in my hand

Everything must go off to death hide itself in death
I you he we they
Yesterday today tomorrow
Pasture for the gullets of insatiable oblivion
Pasture for the perpetual rumination of tireless chaos
Justice—what have you done to me Vicente Huidobro?
Pain falls from my tongue and my clipped wings
One by one my dead fingers fall off
What have you done to my voice heavy with birds as evening
    falls
The voice that once hurt like bleeding?
Give me the infinite like a flower for my hands

To go on
No It's enough
To go on heavy with worlds countries cities
Crowds howling
Covered with climates hemispheres ideas memories
Among the spiderwebs of tombs and the conscious planets
To go on from pain to pain mystery to mystery
From stone pain to plant pain
For everything is pain
The pain of battle the fear of not being

Lazos de dolor atan la tierra al cielo las aguas a la tierra
Y los mundos galopan en órbitas de angustia
Pensando en la sorpresa
La latente emboscada en todos los rincones del espacio
Me duelen los pies como ríos de piedra
¿Qué has hecho de mis pies?
¿Qué has hecho de esta bestia universal
De este animal errante?
Esta rata en delirio que trepa las montañas
Sobre un himno boreal o alarido de tierra
Sucio de tierra y llanto
                        de tierra y sangre
Azotado de espinas y los ojos en cruz
La conciencia es amargura
La inteligencia es decepción
Solo en las afueras de la vida
Se puede plantar una pequeña ilusión

Ojos ávidos de lágrimas hirviendo
Labios ávidos de mayores lamentos
Manos enloquecidas de palpar tinieblas
Buscando más tinieblas
Y esta amargura que se pasea por los huesos
Y este entierro en mi memoria
Este entierro que se alarga en mi memoria
Este largo entierro que atraviesa todos los días mi memoria
Seguir
No
Que se rompa el andamio de los huesos
Que se derrumben las vigas del cerebro
Y arrastre el huracán los trozos a la nada al otro lado
En donde el viento azota a Dios
En donde aún resuene mi violín gutural
Acompañando el piano póstumo del Juicio Final

Links of pain bind the earth to the sky the waters to the land
And worlds gallop in orbits of affliction
Thinking of deceit
The ambush latent in every corner of space
My feet hurt like stony rivers
What have you done to my feet?
What have you done to this universal beast
This nomadic animal?
This delirious rat that clambers over mountains
Over hymns from the north or shouts of earth
Filthy with earth and weeping
                                  earth and bleeding
Thrashed with thorns and a cross of eyes
Conscience is sorrow
Intelligence is deceit
Only on the outskirts of life
Can one plant a little illusion

Eyes eager for seething tears
Lips eager for greater lament
Hands driven mad from touching darkness
Searching for more darkness
And this sorrow that wanders through my bones
And this funeral in my memory
This funeral that grows larger in my memory
This long funeral that crosses all the days of my memory
To go on
No
Smash the scaffold of the bones
Pull down the rafters of the brain
Let the hurricane drag the pieces to the nothing on the other
        side
Where the wind thrashes God
Where my guttural violin still sounds
Accompanied by the posthumous piano of the Last Judgement

Eres tú tú el angel caído
La caída eterna sobre la muerte
La caída sin fin de muerte en muerte
Embruja el universo con tu voz
Aférrate a tu voz embrujador del mundo
Cantando como un ciego perdido en la eternidad

Anda en mi cerebro una gramática dolorosa y brutal
La matanza continua de conceptos internos
Y una última aventura de esperanzas celestes
Un desorden de estrellas imprudentes
Caídas de los sortilegios sin refugio
Todo lo que se esconde y nos incita con imanes fatales
Lo que se esconde en las frías regiones de lo invisible
O en la ardiente tempestad de nuestro cráneo

La eternidad se vuelve sendero de flor
Para el regreso de espectros y problemas
Para el mirage sediento de las nuevas hipótesis
Que rompen el espejo de la magia posible

Liberación, ¡Oh! si liberación de todo
De la propia memoria que nos posee
De las profundas vísceras que saben lo que saben
A causa de estas heridas que nos atan al fondo
Y nos quiebran los gritos de las alas

La magia y el ensueño liman los barrotes
La poesía llora en la punta del alma
Y acrece la inquietud mirando nuevos muros
Alzados de misterio en misterio
Entre minas de mixtificación que abren sus heridas
Con el ceremonial inagotable del alba conocida
Todo en vano
Dadme la llave de los sueños cerrados

It's you you the fallen angel
The perpetual falling over death
The endless falling from death to death
Bewitch the universe with your voice
Anchor yourself to your voice bewitcher of the world
Singing like a blind man lost in eternity

A brutal painful grammar walks through my brain
The continual massacre of internal concepts
And a final adventure of cosmic hopes
A havoc of careless stars
Homeless fallen from sorceries
All that is hidden and incites us with its fatal charms
All that is hidden in the freezing regions of the invisible
Or in the burning storms of our brains

Eternity becomes a path of flowers
For the return of ghosts and dilemmas
For the eager mirages of the new hypotheses
That shatter the mirror of possible magic

Freedom Oh yes freedom from everything
From the memories that possess us
From the guts that know what they know
Because of the wounds that tie us to the pit
And the shouts of wings that shatter us

Magic and illusion file the iron bars
Poetry weeps at the tip of a soul
And unease increases staring at new walls
Raised from mystery to mystery
Between the mines of mystification opening their wounds
With the inexhaustible ceremony of familiar dawn
All in vain
Give me the key to the locked dreams

Dadme la llave del naufragio
Dadme una certeza de raíces en horizonte quieto
Un descubrimiento que no huya a cada paso
O dadme un bello naufragio verde
Un milagro que ilumine el fondo de nuestros mares íntimos
Como el barco que se hunde sin apagar sus luces
Liberado de este trágico silencio entonces
En mi propia tempestad
Desafiaré al vacío
Sacudiré la nada con blasfemias y gritos
Hasta que caiga un rayo de castigo ansiado
Trayendo a mis tinieblas el clima del paraíso

¿Por qué soy prisionero de esta trágica busca?
¿Qué es lo que me llama y se esconde
Me sigue me grita por mi nombre
Y cuando vuelvo el rostro y alargo las manos de los ojos
Me echa encima una niebla tenaz como la noche de los astros
        ya muertos?

Sufro me revuelco en la angustia
Sufro desde que era nebulosa
Y traigo desde entonces este dolor primordial en las células
Este peso en las alas
Esta piedra en el canto
Dolor de ser isla
Angustia subterránea
Angustia cósmica
Poliforme angustia anterior a mi vida
Y que la sigue como una marcha militar
Y que irá más allá
Hasta el otro lado de la periferia universal

Consciente
Inconsciente

Give me the key to the wrecked ship
Give me the certainty of roots on a quiet horizon
A discovery that does not retreat with every step
Oh give me a beautiful green shipwreck
A miracle to brighten the depths of our intimate seas
Like a ship that sinks without losing its lights
Then free from this tragic silence
With a storm of my own
I will challenge space
Shake the nothingness with curses and shouts
Till a ray of anxious judgement falls
Bringing the airs of paradise to my gloom

Why am I a prisoner of this tragic search?
What is it that calls me and hides
That follows me shouts my name
And when I turn around and reach out the hands of my eyes
Throws a fog over me as impenetrable as a night of dead stars?

I suffer I wallow in affliction
I've suffered ever since I was a nebulous bit
And have borne this primordial pain in my cells
This weight on my wings
This stone in my song
The pain of being an island
Subterranean affliction
Cosmic affliction
Polymorphous affliction older than my life
That follows me like a military band
And will go on beyond me
To the other side of the universe's end

Conscious
Unconscious

Deforme
Sonora
Sonora como el fuego
El fuego que me quema el carbón interno y el alcohol de los
    ojos

Soy una orquesta trágica
Un concepto trágico
Soy trágico como los versos que punzan en las sienes y no
    pueden salir
Arquitectura fúnebre
Matemática fatal y sin esperanza alguna
Capas superpuestas de dolor misterioso
Capas superpuestas de ansias mortales
Subsuelos de intuiciones fabulosas

Siglos siglos que vienen gimiendo en mis venas
Siglos que se balancean en mi canto
Que agonizan en mi voz
Porque mi voz es solo canto y sólo puede salir en canto
La cuna de mi lengua se metió en el vacío
Anterior a los tiempos
Y guardará eternamente el ritmo primero
El ritmo que hace nacer los mundos
Soy la voz del hombre que resuena en los cielos
Que reniega y maldice
Y pide cuentas de por qué y para qué

Soy todo el hombre
El hombre herido por quién sabe quien
Por una flecha perdida del caos
Humano terreno desmesurado
Sí desmesurado y lo proclamo sin miedo
Desmesurado porque no soy burgués ni raza fatigada
Soy bárbaro tal vez

Deformed
Roaring
Roaring as fire
The fire that burns my inner coals and the alcohol of my eyes

I am a tragic orchestra
A tragic concept
I'm as tragic as the lines of poetry that drill into my temples
        and can't get out
Funerary architecture
Fatal hopeless mathematics
Superimposed layers of mysterious pain
Superimposed layers of mortal anxieties
Undergrounds of fantastic intuitions

Centuries centuries that come howling through my veins
Centuries that teeter on my song
That slowly die in my voice
For my voice is only song and can only come out in song
The cradle of my tongue rocks in space
Older than time
And will guard forever the first rhythm
The rhythm that gives birth to worlds
I am the voice of man resounding in the heavens
The voice that blasts and damns
And begs for explanations of why and for what

I am the total man
The man wounded by who knows what
By an arrow lost in the chaos
Human worldly outrageous
Yes outrageous and I proclaim it with no fear
Outrageous for I'm not a bourgeoisie or a weary blueblood
A barbarian maybe

Desmesurado enfermo
Bárbaro limpio de rutinas y caminos marcados
No acepto vuestras sillas de seguridades cómodas
Soy el angel salvaje que cayó una mañana
En vuestras plantaciones de preceptos
Poeta
Anti poeta
Culto
Anti culto
Animal metafísico cargado de congojas
Animal espontáneo directo sangrando sus problemas
Solitario como una paradoja
Paradoja fatal
Flor de contradicciones bailando un fox-trot
Sobre el sepulcro de Dios
Sobre el bien y el mal
Soy un pecho que grita y un cerebro que sangra
Soy un temblor de tierra
Los sismógrafos señalan mi paso por el mundo

Crujen las ruedas de la tierra
Y voy andando a caballo en mi muerte
Voy pegado a mi muerte como un pájaro al cielo
Como una fecha en el arbol que crece
Como el nombre en la carta que envío
Voy pegado a mi muerte
Voy por la vida pegado a mi muerte
Apoyado en el bastón de mi esqueleto

El sol nace en mi ojo derecho y se pone en mi ojo izquierdo
En mi infancia una infancia ardiente como un alcohol
Me sentaba en los caminos de la noche
A escuchar la elocuencia de las estrellas
Y la oratoria del arbol
Ahora la indiferencia nieva en la tarde de mi alma

Outrageously sick
A barbarian cleansed of routines and marked paths
I won't accept your armchairs of comfortable security
I am the savage angel who fell one morning
Onto your plantations of precepts
Poet
Antipoet
Cult
Anticult
A metaphysical animal burdened with dismay
An open spontaneous animal bleeding his dilemmas
Lonely as a paradox
A fatal paradox
A flower of contradictions dancing a foxtrot
On the crypt of God
On good and evil
I am a screaming chest and a bleeding brain
I am an earthquake
The seismographs register my passage through the world

The wheels of the earth creak
And I go on riding my horse of death
I go on stuck to death like a bird to the sky
Like the date marked in a growing tree
Like the name on a letter
I go on stuck to my death
I go on through life stuck to my death
Leaning on the cane of my skeleton

The sun rises in my right eye and sets in my left
In my childhood a childhood as burning as alcohol
I would sit by the paths of night
Listening to the eloquence of the stars
And the oratory of the trees
Now indifference snows in the evening of my soul

Rómpanse en espigas las estrellas
Pártase la luna en mil espejos
Vuelva el árbol al nido de su almendra
Sólo quiero saber por qué
Por qué
Por qué
Soy protesta y araño el infinito con mis garras
Y grito y gimo con miserables gritos oceánicos
El eco de mi voz hace tronar el caos

Soy desmesurado cósmico
Las piedras las plantas las montañas
Me saludan Las abejas las ratas
Los leones y las águilas
Los astros los crepúsculos las albas
Los ríos y las selvas me preguntan
Qué tal cómo está Ud.?
Y mientras los astros y las olas tengan algo que decir
Será por mi boca que hablaran a los hombres

Que Dios sea Dios
O Satán sea Dios
O ambos sean miedo, nocturna ignorancia
Los mismo dá
Que sea la vía láctea
O una procesión que asciende en pos de la verdad
Hoy me es igual
Traedme una hora que vivir
Traedme un amor pescado por la oreja
Y echadlo aquí a morir ante mis ojos
Que yo caiga por el mundo a toda máquina
Que yo corra por el universo a toda estrella
Que me hunda o me eleve
Lanzado sin piedad entre planetas y catástrofes
Señor Dios si tú existes es a mí a quien lo debes

Break the stars into seeds
Shatter the moon into a thousand mirrors
Give the tree back to the nest of its acorn
I only want to know why
Why
Why
I am an act of protest I scratch the infinite with my claws
And I shout and scream in miserable oceanic screams
The echo of my voice makes the chaos thunder

I am cosmically outrageous
Stones plants mountains
Greet me   Bees rats
Lions and eagles
Stars sunsets dawns
Rivers and forests ask me
What's new how are you?
And as long as the stars and the waves have something to say
It will be through my voice that they speak to man

Let God be God
Or Satan be God
Or both be fear the ignorance of night
It's all the same
Whether a milky way
Or a procession climbing in search of truth
It makes no difference to me now
Bring me an hour in which to live
Bring me a love fished by the ear
And throw it here to die before my eyes
Let me fall through the world at blinding speed
Let me run through the universe at blinding star
Let me sink or roar
Pitilessly hurtling through planets and catastrophes
Lord God if you exist you owe it all to me

Matad la horrible duda
Y la espantosa lucidez
Hombre con los ojos abiertos en la noche
Hasta el fin de los siglos
Enigma asco de los instintos contagiosos
Como las campanas de la exaltación
Pajarero de luces muertas que andan con pies de espectro
Con los pies indulgentes del arroyo
Que se llevan las nubes y cambia de país

En el tapiz del cielo se juega nuestra suerte
Allí donde mueren las horas
El pesado cortejo de las horas que golpean el mundo
Se juega nuestra alma
Y la suerte que se vuela todas las mañanas
Sobre las nubes con los ojos llenos de lágrimas
Sangra la herida de las últimas creencias
Cuando el fusil desconsolado del humano refugio
Descuelga los pájaros del cielo
Mírate allí animal fraterno desnudo de nombre
Junto al abrevadero de tus límites propios
Bajo el alba benigna
Que zurce el tejido de las mareas
Mira a lo lejos viene la cadena de hombres
Saliendo de la usina de ansias iguales
Mordidos por la misma eternidad
Por el mismo huracán de vagabundas fascinaciones
Cada uno trae su palabra informe
Y los pies atados a su estrella propia
Las máquinas avanzan en la noche del diamante fatal
Avanza el desierto con sus olas sin vida
Pasan las montañas pasan los camellos
Como la historia de las guerras antiguas
Allá va la cadena de hombres entre fuegos ilusos
Hacia el párpado tumbal

Kill horrible doubt
And shocking lucidity
Man with his eyes open through the night
Till the end of the centuries
The loathesome mystery of contagious instincts
Like the bells of exaltation
Birdwatcher of dead lights that walk with ghost feet
With the gentle feet of a stream
Carrying away the clouds and changing the scene

Our fate is played out on the rug of the sky
There where hours drop dead
The ponderous procession of hours that beat on the world
Our soul is played out
The fate that flies every morning
Over the clouds with its eyes full of tears
The open wound of the last beliefs
Bleeds when the melancholic rifle in the human blind
Brings down the birds from the sky
Look at you there brother animal stripped of your name
At the waterhole of your own limits
Under the kindly dawn
That patches the fabric of the tides
Look far off the chain of men approaching
Leaving the factory of identical miseries
Gnawed by the same eternity
By the same hurricane of wandering enchantment
Each one carries his shapeless word
His feet tied to his own star
The machines advance in the night of the fatal diamond
The desert advances with its lifeless waves
Mountains go by camels go by
Like the history of ancient battles
There goes the chain of men through illusory fires
Toward the great tombed eyelid

Después de mi muerte un día
El mundo será pequeño a las gentes
Plantarán continentes sobre los mares
Se harán islas en el cielo
Habrá un gran puente de metal en torno de la tierra
Como los anillos construídos en Saturno
Habrá ciudades grandes como un país
Gigantescas ciudades del porvenir
En donde el hombre-hormiga será una cifra
Un número que se mueve y sufre y baila
(Un poco de amor a veces como un arpa que hace olvidar la
        vida)
Jardines de tomates y repollos
Los parques públicos plantados de árboles frutales
No hay carne que comer el planeta es estrecho
Y las máquinas mataron el último animal
Arboles frutales en todos los caminos
Lo aprovechable sólo lo aprovechable
Ah la hermosa vida que preparan las fábricas
La horrible indiferencia de los astros sonrientes
Refugio de la música
Que huye de las manos de los últimos ciegos

Angustia angustia de lo absoluto y de la perfección
Angustia desolada que atraviesa las órbitas perdidas
Contradictorios ritmos quiebran el corazón
En mi cabeza cada cabello piensa otra cosa

Un hastío invade el hueco que va del alba al poniente
Un bostezo color mundo y carne
Color espíritu avergonzado de irrealizables cosas
Lucha entre la piel y el sentimiento de una dignidad bebida y
        no otorgada
Nostalgia de ser barro y piedra o Dios

Someday after my death
The world will seem small to everyone
Continents will be planted in the seas
There'll be islands in the skies
There'll be a great metal bridge around the earth
Like the rings constructed on Saturn
There'll be cities as big as a country
Gigantic cities of the future
Where ant-man will be a cipher
A number that moves and suffers and dances
(With a little love at times like a harp that makes you forget
      about life)
Gardens of tomatoes and cabbages
Public parks planted with fruit trees
There's no meat to eat space is tight
And the machines killed the last animal
Fruit trees all along the roads
The profitable only the profitable
Oh the beautiful life the factories create
The horrible indifference of the smiling stars
The shelter of music
That escapes from the hands of the last blind men

The affliction of the absolute the affliction of perfection
The desolate affliction that crosses the lost orbits
Contradictory rhythms break my heart
And every hair on my head thinks another thought

Tedium invades the hollow that runs from dawn to dusk
A yawn the color of the world and the flesh
The spiritual color shamed by impossible things
The struggle between the skin and the feelings of an honor
      pledged and unfulfilled
The nostalgia of being stone and clay or God

Vértigo de la nada cayendo de sombra en sombra
Inutilidad de los esfuerzos fragilidad del sueño

Angel expatriado de la cordura
¿Por qué hablas Quién te pide que hables?
Revienta pesimista mas revienta en silencio
Cómo se reirán los hombres de aquí a mil años
Hombre perro que aúllas a tu propia noche
Delincuente de tu alma
El hombre de mañana se burlará de ti
Y de tus gritos petrificados goteando estalactitas
¿Quién eres tú habitante de este diminuto cadáver estelar?
¿Qué son tus náuseas de infinito y tu ambición de eternidad?
Atomo desterrado de sí mismo con puertas y ventanas de luto
¿De dónde vienes a dónde vas?
¿Quién se preocupa de tu planeta?
Inquietud miserable
Despojo del desprecio que por ti sentiría
Un habitante de Betelgeuse
Veintinueve millones de veces más grande que tu sol

Hablo porque soy protesta insulto y mueca de dolor
Sólo creo en los climas de la pasión
Sólo deben hablar los que tienen el corazón clarividente
La lengua a alta frecuencia
Buzos de la verdad y la mentira
Cansados de pasear sus linternas en los laberintos de la nada
En la cueva de alternos sentimientos
El dolor es lo único eterno
Y nadie podrá reir ante el vacío
¿Qué me importa la burla del hombre-hormiga
Ni la del habitante de otros astros más grandes?
Yo no sé de ellos ni ellos saben de mí

The vertigo of nothingness falling from shadow to shadow
The uselessness of strength the fragility of the dream

Angel exiled from common sense
Why do you speak? Who asks you to speak?
Explode pessimist but explode in silence
How the men a thousand years from now will laugh
Dog man you howl at your own night
Delinquent from your soul
The man of tomorrow will laugh at you
And your petrified shouts dripping stalactites
Who are you inhabitant of this little stellar corpse?
What is your nausea of the infinite your ambition for eternity?
Atom banished from itself its doors and windows decked in
      mourning
Where are you coming from where are you going?
Who cares about your planet?
A miserable fidget
The remains of the disdain that will be felt for you
By an inhabitant of Betelgeuse
29 million times greater than the sun

I speak because I am an act of protest an insult a grimace of
      pain
I believe only in the climates of passion
Only those with clear-sighted hearts ought to speak
In high-frequency language
Explorers of truth and lies
Tired of swinging their lanterns in the labyrinths of nothing
In the cave of alternate sentiments
Pain is the only eternal thing
And no one can laugh in the face of the void
What do I care about the jeers of the ant-men
Or the inhabitants of larger stars?
I don't know about them and they don't know about me

Yo sé de mi vergüenza de la vida de mi asco celular
De la mentira abyecta de todo cuanto edifican los hombres
Los pedestales de aire de sus leyes e ideales

Dadme dadme pronto un llano de silencio
Un llano despoblado como los ojos de los muertos

¿Robinsón por qué volviste de tu isla?
De la isla de tus obras y tus sueños privados
La isla de ti mismo rica de tus actos
Sin leyes ni abdicación ni compromisos
Sin control de ojo intruso
Ni mano extraña que rompa los encantos
¿Robinsón cómo es posible que volvieras de tu isla?

Malhaya el que mire con ojos de muerte
Malhaya el que vea el resorte que todo lo mueve
Una borrasca dentro de la risa
Una agonía de sol adentro de la risa
Matad al pesimista de pupila enlutada
Al que lleva un féretro en el cerebro
Todo es nuevo cuando se mira con ojos nuevos
Oigo una voz idiota entre algas de ilusión
Boca parasitaria aún de la esperanza

Idos lejos de aquí restos de playas moribundas
Mas si buscáis descubrimientos
Tierras irrealizables más allá de los cielos
Vegetante obsesión de musical congoja
Volvamos al silencio
Restos de playas fúnebres
¿A qué buscais el faro poniente
Vestido de su propia cabellera
Como la reina de los circos?
Volvamos al silencio

I only know I'm ashamed of this life of cellular loathing
The abject lie of everything man constructs
The pedestals of air of their laws and ideals

Give me hurry give me a plain of silence
An unpopulated plain like the eyes of the dead

Robinson why did you come back from your island?
From the island of your works and your private dreams
The island of your self rich with your labors
With no laws no betrayals no compromise
Uncontrolled by intruding eyes
Or the foreign hand that breaks the spell
Robinson how could you come back from your island?

Wretched is he who sees with the eyes of death
Wretched is he who sees what moves all things
A storm inside the laughter
A solar anguish inside the laughter
Kill the pessimist with his eyeballs dressed in mourning
Who carries a coffin in his brain
Everything is new when one sees with new eyes
I hear an idiot voice in the seaweed of illusion
A mouth parasitical even of hope

Gone far from here the remains of dying beaches
But if you look for discoveries
Unreachable lands beyond the skies
The lush obsession of musical dismay
We must return to silence
Remains of funereal beaches
Why are you looking for the lighthouse of the west
Dressed in its flowing hair
Like the queen of the circus?
We must return to silence

Al silencio de las palabras que vienen del silencio
Al silencio de las hostias donde se mueren los profetas
Con la llaga del flanco
Cauterizada por algún relámpago

Las palabras con fiebre y vértigo interno
Las palabras del poeta dan un mareo celeste
Dan una enfermedad de nubes
Contagioso infinito de planetas errantes
Epidemia de rosas en la eternidad

Abrid la boca para recibir la hostia de la palabra herida
La hostia angustiada y ardiente que me nace no se sabe dónde
Que viene de más lejos que mi pecho
La catarata delicada de oro en libertad
Correr de río sin destino como aerolitos al azar
Una columna se alza en la punta de la voz
Y la noche se sienta en la columna

Yo poblaré para mil años los sueños de los hombres
Y os daré un poema lleno de corazón
En el cual me despedazaré por todos lados

Una lágrima caerá de unos ojos
Como algo enviado sobre la tierra
Cuando veas como una herida profetiza
Y reconozcas la carne desgraciada
El pájaro cegado en la catástrofe celeste
Encontrado en mi pecho solitario y sediento
En tanto yo me alejo tras los barcos magnéticos
Vagabundo como ellos
Y más triste que un cortejo de caballos sonámbulos

To the silence of the words that come from silence
To the silence of the hosts where the prophets die
With a thorn in their side
Cauterized by a bolt of lightning

Words with fever and internal whooziness
The poet's words cause air-sickness
They bring on cloud-sickness
A contagious infinite of errant planets
An epidemic of roses in eternity

Open your mouth and receive the host of the wounded word
The afflicted burning host that is born within me I don't know
         where
That comes from beyond my chest
The delicate cataract of free-falling gold
River running fateless like random aerolites
A pillar rises from the tip of my voice
And night sits on the pillar

I will populate the dreams of men for a thousand years
And I will give you all a poem full of heart
In which I'll explode into pieces everywhere

A tear will fall from some eye
Like something dispatched over the land
When you see like a prophetic wound
And recognize the hapless flesh
The bird blinded by the cosmic catastrophe
Found in my lonely thirsty chest
While I go off behind the magnetic boats
Wandering as they wander
Sadder than a cortege of sleepwalking horses

Hay palabras que tienen sombra de árbol
Otras que tienen atmósfera de astros
Hay vocablos que tienen fuego de rayos
Y que incendian donde caen
Otros que se congelan en la lengua y se rompen al salir
Como esos cristales alados y fatídicos
Hay palabras con imanes que atraen los tesoros del abismo
Otras que se descargan como vagones sobre el alma
Altazor desconfía de las palabras
Desconfía del ardid ceremonioso
Y de la poesía
Trampas
                Trampas de luz y cascadas lujosas
Trampas de perla y de lámpara acuática
Anda como los ciegos con sus ojos de piedra
Presintiendo el abismo a todo paso

Mas no temas de mí que mi lenguaje es otro
No trato de hacer feliz ni desgraciado a nadie
Ni descolgar banderas de los pechos
Ni dar anillos de planetas
Ni hacer satélites de mármol en torno a un talismán ajeno
Quiero darte una música de espíritu
Música mía de esta cítara plantada en mi cuerpo
Música que hace pensar en el crecimiento de los árboles
Y estalla en luminarias adentro del sueño
Yo hablo en nombre de un astro por nadie conocido
Hablo en una lengua mojada en mares no nacidos
Con una voz llena de eclipses y distancias
Solemne como un combate de estrellas o galeras lejanas
Una voz que se desfonda en la noche de las rocas
Una voz que da la vista a los ciegos atentos

There are words that have the shade of trees
And others with the atmospheres of stars
There are words with rays of fire
That ignite where they fall
And others that freeze on the tongue and shatter on the way
      out
Like those winged and mantic crystals
There are words with magnets that attract the treasures of the
      deep
And others that unload like wagons onto the soul
Don't trust words Altazor
Don't trust ceremonious artifice
And poetry
Traps
      Traps of light and luxurious cascades
Traps of pearl and aquatic lamps
Walk like the blind with their eyes of stone
Expecting the cliff at every step

But do not fear me because my language is strange
I bring neither happiness nor misery to anyone
Nor do I drape banners across chests
Nor bring the rings of planets
Nor do I make satellites of marble spin around some weird
      talisman
I want to bring you a music of the spirit
My music from this zither planted in my body
Music that makes you think about the growth of trees
And explodes in festival lights inside your dream
I speak in the name of a star no one knows
I speak with a tongue moistened by unborn seas
With a voice full of eclipses and outer reaches
Solemn as a battle of distant stars or galleys
A voice scuttled on the night of the rocks
A voice that brings sight to the attentive blind

Los ciegos escondidos al fondo de las casas
Como al fondo de sí mismos

Los veleros que parten a distribuir mi alma por el mundo
Volverán convertidos en pájaros
Una hermosa mañana alta de muchos metros
Alta como el árbol cuyo fruto es el sol
Una mañana frágil y rompible
A la hora en que las flores se lavan la cara
Y los últimos sueños huyen por las ventanas

Tanta exaltación para arrastrar los cielos a la lengua
El infinito se instala en el nido del pecho
Todo se vuelve presagio
                                    angel entonces
El cerebro se torna sistro revelador
Y la hora huye despavorida por los ojos
Los pájaros grabados en el zenit no cantan
El día se suicida arrojándose al mar
Un barco vestido de luces se aleja tristemente
Y al fondo de las olas un pez escucha el paso de los hombres

Silencio la tierra va a dar a luz un árbol
La muerte se ha dormido en el cuello de un cisne
Y cada pluma tiene un distinto temblor
Ahora que Dios se sienta sobre la tempetad
Que pedazos de cielo caen y se enredan en la selva
Y que el tifón despeina las barbas del pirata
Ahora sacad la muerta al viento
Para que el viento abra sus ojos

Silencio la tierra va a dar a luz un árbol
Tengo cartas secretas en la caja del cráneo
Tengo un carbón doliente en el fondo del pecho

The blind hidden in the basements of the houses
As if at the bottom of their selves

The sailboats that set out to spread my soul through the world
Will return transformed into birds
One beautiful tall morning yards high
Tall as a tree whose fruit is the sun
One fragile breakable morning
At the hour when the flowers wash their faces
And the last dreams escape through the windows

The exaltation of dragging the heavens down to the tongue
The infinite settles in the nest of the chest
Everything turns into an omen
                              and then an angel
The brain becomes the divulging sistrum
And the hour runs off with terror in its eyes
The birds engraved on the peak stop singing
The day commits suicide hurtling itself into the sea
A boat dressed in lights goes sadly off
And at the bottom of the waves a fish listens to the footsteps
        of men

Silence the earth will give birth to a tree
Death has fallen asleep in the neck of a swan
And each feather has its own quivering
Now that God is seated on the storm
And pieces of sky fall and are tangled in the forest
And the typhoon rumples the pirate's beard
Now take death out into the wind
So the wind can open its eyes

Silence the earth will give birth to a tree
There are secret letters in the mailbox of my skull
There's a painful coal at the bottom of my chest

Y conduzco mi pecho a la boca
Y la boca a la puerta del sueño

El mundo se me entra por los ojos
Se me entra por las manos se me entra por los pies
Me entra por la boca y se me sale
En insectos celestes o nubes de palabras por los poros
Silencio la tierra va a dar a luz un árbol
Mis ojos en la gruta de la hipnosis
Mastican el universo que me atraviesa como un túnel
Un escalofrío de pájaro me sacude los hombros
Escalofrío de alas y olas interiores
Escalas de olas y alas en la sangre
Se rompen las amarras de las venas
Y se salta afuera de la carne
Se sale de las puertas de la tierra
Entre palomas espantadas

Habitante de tu destino
¿Por qué quieres salir de tu destino?
¿Por qué quieres romper los lazos de tu estrella
Y viajar solitario en los espacios
Y caer a través de tu cuerpo de tu zenit a tu nadir?

No quiero ligaduras de astro ni de viento
Ligaduras de luna buenas son para el mar y las mujeres
Dadme mis violines de vértigo insumiso
Mi libertad de música escapada
No hay peligro en la noche pequeña encrucijada
Ni enigma sobre el alma
La palabra electrizada de sangre y corazón
Es el gran paracaídas y el pararrayos de Dios

Habitante de tu destino
Pegado a tu camino como roca

And I guide my chest to my mouth
And my mouth to the door of the dream

The world enters through my eyes
Enters through my hands my feet
Enters through my mouth and goes out through my pores
As celestial insects as clouds of words
Silence the earth will give birth to a tree
My eyes in the grotto of hypnosis
Gnaw on the universe that runs through me like a tunnel
A bird shudder flutters my shoulders
A shudder of inner waves and wings
A ladder of waves and wings in my blood
The cables of my veins snap
And it leaps out from my flesh
Out through the doors of the earth
And past the startled doves

Inhabitant of your fate
Why do you want to abandon your fate?
Why do you want to break the chains of your star
And travel alone through space
Falling across your body from your heights to your depths?

I don't want the bonds of star or wind
Moon bonds are fine for the sea and women
Give me my violins of rebellious vertigo
My freedom of escaped music
There's no danger at the little crossroads of night
No mystery about the soul
The electrified word of heart and blood
Is God's great parachute and lightning rod

Inhabitant of your fate
Stuck to your path like a rock

Viene la hora del sortilegio resignado
Abre la mano de tu espíritu
El magnético dedo
En donde el anillo de la serenidad adolescente
Se posará cantando como el canario pródigo
Largos años ausente

Silencio
       Se oye el pulso del mundo como nunca pálido
La tierra acaba de alumbrar un árbol

This is the hour of sorcery yielding
Open the hand of your spirit
The magnetic finger
On which the ring of adolescent serenity
Will perch and sing like the prodigal canary
Gone for so many years

Silence
      The pulse of the world faintly beats
The earth has just given birth to a tree

• CANTO II •

Mujer el mundo está amueblado por tus ojos
Se hace más alto el cielo en tu presencia
La tierra se prolonga de rosa en rosa
Y el aire se prolonga de paloma en paloma

Al irte dejas una estrella en tu sitio
Dejas caer tus luces como el barco que pasa
Mientras te sigue mi canto embrujado
Como una serpiente fiel y melancólica
Y tú vuelves la cabeza detrás de algún astro

¿Qué combate se libra en el espacio?
Esas lanzas de luz entre planetas
Reflejo de armaduras despiadadas
¿Qué estrella sanguinaria no quiere ceder el paso?
En dónde estás triste noctámbula
Dadora de infinito
Que pasea en el bosque de los sueños

Heme aquí perdido entre mares desiertos
Solo como la pluma que se cae de un pájaro en la noche
Heme aquí en una torre de frío
Abrigado del recuerdo de tus labios marítimos
Del recuerdo de tus complacencias y de tu cabellera
Luminosa y desatada como los ríos de montaña

· C A N T O I I ·

Woman the world is furnished by your eyes
Before you the sky grows higher
The earth stretches out from rose to rose
And the air stretches out from dove to dove

Leaving you leave a star in your place
Your lights fade like a passing ship
And my song enchanted follows you
Like a faithful and melancholy snake
As you turn your head from behind some star

What battle rages in space?
Those spears of light from planet to planet
That glint of brutal armor
What bloodthirsty star refuses to yield?
Wherever you are sad sleepwalker
Granter of infinity
May you walk through the forest of dreams

Here I am lost in the desolate seas
Alone like a feather falling from a bird in the night
Here I am in a tower of cold
Wrapped in the memory of your maritime lips
In the memory of your delights your hair
Unpinned and shining like the mountain streams

¿Irías a ser ciega que Dios te dió esas manos?
Te pregunto otra vez

El arco de tus cejas tendido para las armas de los ojos
En la ofensiva alada vencedora segura con orgullos de flor
Te hablan por mí las piedras aporreadas
Te hablan por mí las olas de pájaros sin cielo
Te habla por mí el color de los paisajes sin viento
Te habla por mí el rebaño de ovejas taciturnas
Dormido en tu memoria
Te habla por mí el arroyo descubierto
La yerba sobreviviente atada a la aventura
Aventura de luz y sangre de horizonte
Sin más abrigo que una flor que se apaga
Si hay un poco de viento

Las llanuras se pierden bajo tu gracia frágil
Se pierde el mundo bajo tu andar visible
Pues todo es artificio cuando tú te presentas
Con tu luz peligrosa
Inocente armonía sin fatiga ni olvido
Elemento de lágrima que rueda hacia adentro
Construído de miedo altivo y de silencio.

Haces dudar al tiempo
Y al cielo con instintos de infinito
Lejos de ti todo es mortal
Lanzas la agonía por la tierra humillada de noches
Sólo lo que piensa en ti tiene sabor a eternidad

He aquí tu estrella que pasa
Con tu respiración de fatigas lejanas
Con tus gestos y tu modo de andar

Were you meant to be blind that God gave you those hands?
I'm asking again

The arches of your brows are a bridge for the troops of your
            eyes
Victory in the air secured by flower pride
The stones knocking talk to you for me
The waves of skyless birds talk to you for me
The color of windless landscapes talks to you for me
The flock of tight-lipped sheep sleeping in your memory
Talks to you for me
The uncovered stream talks to you for me
The survivor grass is tied to adventure
The adventure of light and blood on the horizon
Unprotected as a flower that blows out
In the slightest wind

Prairies are lost in your fragile grace
The world is lost in your visible motion
Everything is artifice when you appear
With your dangerous light
Innocent harmony unwearying unforgetful
The element of a tear wheeling inward
Made of silence and proud fear

You bring doubt to time
And to the sky with intimations of infinity
Away from you everything is mortal
You fling affliction from an earth humiliated by night
Only those who think of you taste eternity

Here is your star passing
With your breath of weary distance
With your gestures and your way of walking

Con el espacio magnetizado que te saluda
Que nos separa con leguas de noche

Sin embargo te advierto que estamos cosidos
A la misma estrella
Estamos cosidos por la misma música tendida
De uno a otro
Por la misma sombra gigante agitada como árbol
Seamos ese pedazo de cielo
Ese trozo en que pasa la aventura misteriosa
La aventura del planeta que estalla en pétalos de sueño

En vano tratarías de evadirte de mi voz
Y de saltar los muros de mis alabanzas
Estamos cosidos por la misma estrella
Estás atada al ruiseñor de las lunas
Que tiene un ritual sagrado en la garganta

Qué me importan los signos de la noche
Y la raíz y el eco funerario que tengan en mi pecho
Qué me importa el enigma luminoso
Los emblemas que alumbran el azar
Y esas islas que viajan por el caos sin destino a mis ojos
Qué me importa ese miedo de flor en el vacío
Qué me importa el nombre de la nada
El nombre del desierto infinito
O de la voluntad o del azar que representan
Y si en ese desierto cada estrella es un deseo de oasis
O banderas de presagio y de muerte

Tengo una atmósfera propia en tu aliento
La fabulosa seguridad de tu mirada con sus constelaciones
        íntimas
Con su propio lenguaje de semilla
Tu frente luminosa como un anillo de Dios

With the magnetized space that greets you
And separates us with leagues of night

And yet I warn you we are sewn
To the same star
We are sewn by the same music stretching
From one to the other
By the same huge shadow shaking like a tree
Let us be that bit of sky
That trunk where strange adventure passes
The adventure of the planet exploding into petals of dreams

Uselessly you try to evade my voice
To leap the walls of my praises
We are sewn to the same star
You are tied to the nightingale of the moons
Whose throat contains a sacred rite

What matter to me the signs of the night
And their roots and funereal echoes in my chest
What matter to me the luminous enigma
The emblems illuminating chance
And those islands that travel fateless through chaos to my eyes
What matter to me that fear of the flower in space
What matter to me the name of nothingness
The name of the infinite desert
Or the will or the chance it represents
Or if in that desert every star is the desire for an oasis
Or banners of omen and death

Your breath is my atmosphere
The incredible security of your glance with its intimate
        constellations
With its own language of seed
Your face luminous as a ring of God

Más firme que todo en la flora del cielo
Sin torbellinos de universo que se encabrita
Como un caballo a causa de su sombra en el aire

Te pregunto otra vez
¿Irías a ser muda que Dios te dió esos ojos?

Tengo esa voz tuya para toda defensa
Esa voz que sale de ti en latidos de corazón
Esa voz en que cae la eternidad
Y se rompe en pedazos de esferas fosforecentes
¿Qué sería la vida si no hubieras nacido?
Un cometa sin manto muriéndose de frío

Te hallé como una lágrima en un libro olvidado
Con tu nombre sensible desde antes en mi pecho
Tu nombre hecho del ruido de palomas que se vuelan
Traes en ti el recuerdo de otras vidas más altas
De un Dios encontrado en alguna parte
Y al fondo de ti misma recuerdas que eras tú
El pájaro de antaño en la clave del poeta

Sueño en un sueño sumergido
La cabellera que se ata hace el día
La cabellera al desatarse hace la noche
La vida se contempla en el olvido
Sólo viven tus ojos en el mundo
El único sistema planetario sin fatiga
Serena piel anclada en las alturas
Ajena a toda red y estratagema
En su fuerza de luz ensimismada
Detrás de ti la vida siente miedo
Porque eres la profundidad de toda cosa
El mundo deviene majestuoso cuando pasas
Se oyen caer lágrimas de cielo

More solid than anything in the flora of the sky
Without the whirlwinds of the universe bucking
Like a horse that sees its shadow in the air

I'm asking again
Were you meant to be mute that God gave you those eyes?

Your voice is my total protection
That voice that comes from you in heartbeats
That voice in which eternity falls
And shatters into phosphorescent beads
What would my life have been if you were never born?
A comet without its cape dying of the cold

I found you like a teardrop in some forgotten book
With your name that had always ached in my chest
Your name made of the sound of doves flying
You carry within you the memory of other higher lives
Of a God found somewhere
And at the bottom of your self you recall what you were
The bird of yesteryear in the poet's key

I dream in sunken dreams
Your long hair fastened to create the day
Your long hair unfastened to create the night
Life studies itself in emptiness
In this world only your eyes are alive
The only planetary system that does not wear down
Serene skin anchored in the heights
Free from all the nets and strategies
Complete in its force of light
Behind you life feels afraid
For you are the depths of every thing
The world becomes majestic when you go by
There is a sound of tears falling from the sky

Y borras en el alma adormecida
La amargura de ser vivo
Se hace liviano el orbe en las espaldas

Mi alegría es oir el ruido del viento en tus cabellos
(Reconozco ese ruido desde lejos)
Cuando las barcas zozobran y el río arrastra troncos de árbol
Eres una lámpara de carne en la tormenta
Con los cabellos a todo viento
Tus cabellos donde el sol va a buscar sus mejores sueños
Mi alegría es mirarte solitaria en el diván del mundo
Como la mano de una princesa soñolienta
Con tus ojos que evocan un piano de olores
Una bebida de paroxismos
Una flor que está dejando de perfumar
Tus ojos hipnotizan la soledad
Como la rueda que sigue girando después de la catástrofe

Mi alegría es mirarte cuando escuchas
Ese rayo de luz que camina hacia el fondo del agua
Y te quedas suspensa largo rato
Tantas estrellas pasadas por el harnero del mar
Nada tiene entonces semejante emoción
Ni un mástil pidiendo viento
Ni un aeroplano ciego palpando el infinito
Ni la paloma demacrada dormida sobre un lamento
Ni el arco-iris con las alas selladas
Más bello que la parábola de un verso
La parábola tendida en puente nocturno de alma a alma

Nacida en todos los sitios donde pongo los ojos
Con la cabeza levantada
Y todo el cabello al viento

As you erase from my sleeping soul
The bitterness of being alive
The world on my shoulders grows light

The joy of hearing the sound of the wind in your hair
(I can recognize that sound from afar)
When the ships founder and the river drags along the fallen
        trees
You are a lamp of flesh in the storm
With your hair in the wind
Your hair where the sun goes to find its best dreams
The joy of watching you alone on the couch of the world
Like the hand of a drowsy princess
With your eyes that evoke a piano of smells
A sip of paroxysms
A flower that has given up perfuming
Your eyes hypnotize solitude
Like the wheel that keeps turning after the crash

The joy of watching you listen
To that ray of light that runs to the bottom of the water
And for a long while you remain suspended
So many stars passing through the sieve of the sea
Nothing then has such emotion
Not a mast begging for wind
Nor a blind airplane touching the infinite
Nor the emaciated dove asleep on a lament
Nor the rainbow with its folded wings
More beautiful than the parabola of a poem's line
The parabola's evening bridge slung from soul to soul

Born in all places where I rest my eyes
With head lifted
And hair in the wind

Eres más hermosa que el relincho de un potro en la montaña
Que la sirena de un barco que deja escapar toda su alma
Que un faro en la neblina buscando a quien salvar
Eres más hermosa que la golondrina atravesada por el viento
Eres el ruido del mar en verano
Eres el ruido de una calle populosa llena de admiración

Mi gloria está en tus ojos
Vestida del lujo de tus ojos y de su brillo interno
Estoy sentado en el rincón más sensible de tu mirada
Bajo el silencio estático de immóviles pestañas.
Viene saliendo un augurio del fondo de tus ojos
Y un viento de océano ondula tus pupilas

Nada se compara a esa leyenda de semillas que deja tu presencia
A esa voz que busca un astro muerto que volver a la vida
Tu voz hace un imperio en el espacio
Y esa mano que se levanta en ti como si fuera a colgar soles en
        el aire
Y ese mirar que escribe mundos en el infinito
Y esa cabeza que se dobla para escuchar un murmullo en la
        eternidad
Y ese pie que es la fiesta de los caminos encadenados
Y esos párpados donde vienen a vararse las centellas del éter
Y ese beso que hincha la proa de tus labios
Y esa sonrisa como un estandarte al frente de tu vida
Y ese secreto que dirige las mareas de tu pecho
Dormido a la sombra de tus senos

Si tú murieras
Las estrellas a pesar de su lámpara encendida
Perderían el camino
¿Qué sería del universo?

You are more beautiful than the neighing of a filly on a
     mountain
Than the siren of a boat letting its soul escape
Than a lighthouse searching the fog for someone to save
You are more beautiful than a swallow crossing through the
     wind
You are the sound of the sea in summer
You are the sound of a busy street full of wonder

My glory is in your eyes
Dressed in the elegance of your eyes inwardly shining
I sit in the most sensitive corner of your glance
In the static silence of your unblinking lashes
An omen comes from the depths of your eyes
And an ocean breeze ripples your retina

Nothing compares to that legend of seeds you leave behind
To that voice searching a dead star to bring it back to life
Your voice creates an empire in space
And that hand reaching up as if it were hanging suns in the air
And that glance writing worlds in the infinite
And that head bending forward to listen to the murmur of
     eternity
And that foot that is a festival for the hobbled roads
And those eyelids where the lightning bolts of the aether run
     aground
And that kiss that swells the bow of your lips
And that smile like a banner before your life
And that secret that moves the tides of your chest
Asleep in the shade of your breasts

If you died
The stars despite their kindled lamps
Would lose their way
What would the universe become?

• C A N T O   I I I •

Romper las ligaduras de las venas
Los lazos de la respiración y las cadenas

De los ojos senderos de horizontes
Flor proyectada en cielos uniformes

El alma pavimentada de recuerdos
Como estrellas talladas por el viento

El mar es un tejado de botellas
Que en la memoria del marino sueña

Cielo es aquella larga cabellera intacta
Tejida entre manos de aeronauta

Y el avión trae un lenguaje diferente
Para la boca de los cielos de siempre

Cadenas de miradas nos atan a la tierra
Romped romped tantas cadenas

Vuela el primer hombre a iluminar el día
El espacio se quiebra en una herida

Y devuelve la bala al asesino
Eternamente atado al infinito

· CANTO III ·

Break the loops of veins
The links of breath and the chains

Of eyes paths of horizons
Flower screened on uniform skies

Soul paved with recollections
Like stars carved by the wind

The sea is a roof of bottles
That dreams in the sailor's memory

The sky is that pure flowing hair
Braided by the hands of the aeronaut

And the airplane carries a new language
To the mouth of the eternal skies

Chains of glances tie us to the earth
Break them break so many chains

The first man flies to light the sky
Space bursts open in a wound

And the bullet returns to the assassin
Forever tied to the infinite

Cortad todas las amarras
De río mar o de montaña

De espíritu y recuerdo
De ley agonizante y sueño enfermo

Es el mundo que torna y sigue y gira
En una última pupila

Mañana el campo
Seguirá los galopes del caballo

La flor se comerá a la abeja
Porque el hangar será colmena

El arco-iris se hará pájaro
Y volará a su nido contando

Los cuervos se harán planetas
Y tendrán plumas de hierba

Hojas serán las plumas entibiadas
Que caerán de sus gargantas

Las miradas serán ríos
Y los ríos heridas en las piernas del vacío

Conducirá el rebaño a su pastor
Para que duerma el día cansado como avión

Y el árbol se posará sobre la tórtola
Mientras las nubes se hacen roca

Porque todo es como es en cada ojo
Dinastía astrológica y efímera

Cut all the links
Of river sea and mountain

Of spirit and memory
Of dying law and fever dreams

It is the world that turns and goes on and whirls
In the last eyeball

Tomorrow the countryside
Will follow the galloping horses

The flower will suck the bee
For the hangar will be a hive

The rainbow will become a bird
And fly singing to its nest

Crows will become planets
And sprout feathers of grass

Leaves will be loose feathers
Falling from their throats

Glances will be rivers
And the rivers wounds in the legs of space

The flock will guide its shepherd
So the day can doze drowsy as an airplane

And the tree will perch on the turtledove
While the clouds turn to stone

For everything is as it is in every eye
An ephemeral astrological dynasty

Cayendo de universo en universo

Manicura de la lengua es el poeta
Mas no el mago que apaga y enciende
Palabras estelares y cerezas de adioses vagabundos
Muy lejos de las manos de la tierra
Y todo lo que dice es por él inventado
Cosas que pasan fuera del mundo cotidiano
Matemos al poeta que nos tiene saturados

Poesía aún y poesía poesía
Poética poesía poesía
Poesía poética de poético poeta
Poesía
Demasiada poesía
Desde el arco-iris hasta el culo pianista de la vecina
Basta señora poesía bambina
Y todavía tiene barrotes en los ojos
El juego es juego y no plegaria infatigable
Sonrisa o risa y no lamparillas de pupila
Que ruedan de la aflicción hasta el océano
Sonrisa y habladurías de estrella tejedora
Sonrisa del cerebro que evoca estrellas muertas
En la mesa mediúmnica de sus irradiaciones

Basta señora arpa de las bellas imágenes
De los furtivos comos iluminados
Otra cosa otra cosa buscamos
Sabemos posar un beso como una mirada
Plantar miradas como árboles
Enjaular árboles como pájaros
Regar pájaros como heliotropos
Tocar un heliotropo como una música
Vaciar una música como un saco
Degollar un saco como un pingüino

Falling from universe to universe

The poet is a manicurist of language
Not the magician who lights and douses
Stellar words and the cherries of vagabond good-byes
Far from the hands of the earth
And everything he says is his invention
Things that move outside the ordinary world
Let us kill the poet who gluts us

Poetry still and poetry poetry
Poetical poetry poetry
Poetical poetry by poetical poets
Poetry
Too much poetry
From the rainbow to the piano-bench ass of the lady next door
Enough poetry bambina enough lady
It still has bars across its eyes
The game is a game and not an endless prayer
Smiles or laughter not the eyeball's little lamps
That wheel from affliction toward the sea
Smiles and gossip of the weaver star
Smiles of a brain evoking dead stars
On the seance table of its radiance

Enough lady harp of the beautiful images
Of furtive illuminated "likes"
It's something else we're looking for something else
We already know how to dart a kiss like a glance
Plant glances like trees
Cage trees like birds
Water birds like heliotropes
Play a heliotrope like music
Empty music like a sack
Decapitate a sack like a penguin

Cultivar pingüinos como viñedos
Ordeñar un viñedo como una vaca
Desarbolar vacas como veleros
Peinar un velero como un cometa
Desembarcar cometas como turistas
Embrujar turistas como serpientes
Cosechar serpientes como almendras
Desnudar una almendra como un atleta
Leñar atletas como cipreses
Iluminar cipreses como faroles
Anidar faroles como alondras
Exhalar alondras como suspiros
Bordar suspiros como sedas
Derramar sedas como ríos
Tremolar un río como una bandera
Desplumar una bandera como un gallo
Apagar un gallo como un incendio
Bogar en incendios como en mares
Segar mares como trigales
Repicar trigales como campanas
Desangrar campanas como corderos
Dibujar corderos como sonrisas
Embotellar sonrisas como licores
Engastar licores como alhajas
Electrizar alhajas como crepúsculos
Tripular crepúsculos como navíos
Descalzar un navío como un rey
Colgar reyes como auroras
Crucificar auroras como profetas
Etc. etc. etc.
Basta señor violín hundido en una ola ola
Cotidiana ola de religión miseria
De sueño en sueño posesión de pedrerías

Cultivate penguins like vineyards
Milk a vineyard like a cow
Unmast cows like schooners
Comb a schooner like a comet
Disembark comets like tourists
Charm tourists like snakes
Harvest snakes like almonds
Undress an almond like an athlete
Fell athletes like cypresses
Light cypresses like lanterns
Nestle lanterns like skylarks
Heave skylarks like sighs
Embroider sighs like silks
Drain silks like rivers
Raise a river like a flag
Pluck a flag like a rooster
Douse a rooster like a fire
Row through fires like seas
Reap seas like wheat
Ring wheat like bells
Bleed bells like lambs
Draw lambs like smiles
Bottle smiles like wine
Set wine like jewels
Electrify jewels like sunsets
Man sunsets like battleships
Uncrown a battleship like a king
Hoist kings like dawns
Crucify dawns like prophets
Etc. etc. etc.
Enough sir violin sunk in a wave wave
Everyday wave of misery religion
Of dream after dream possession of jewels

Después del corazón comiendo rosas
Y de las noches del rubí perfecto
El nuevo atleta salta sobre la pista mágica
Jugando con magnéticas palabras
Caldeadas como la tierra cuando va a salir un volcán
Lanzando sortilegios de sus frases pájaro

Agoniza el último poeta
Tañen las campanas de los continentes
Muere la luna con su noche a cuestas
El sol se saca del bolsillo el día
Abre los ojos el nuevo paisaje solemne
Y pasa desde la tierra a las constelaciones
El entierro de la poesía

Todas las lenguas están muertas
Muertas en manos del vecino trágico
Hay que resucitar las lenguas
Con sonoras risas
Con vagones de carcajadas
Con cortacircuitos en las frases
Y cataclismo en la gramática
Levántate y anda
Estira las piernas anquilosis salta
Fuegos de risa para el lenguaje tiritando de frío
Gimnasia astral para las lenguas entumecidas
Levántate y anda
Vive vive como un balón de fútbol
Estalla en la boca de diamantes motocicleta
En ebriedad de sus luciérnagas
Vértigo sí de su liberación
Una bella locura en la vida de la palabra
Una bella locura en la zona del lenguaje
Aventura forrada de desdenes tangibles

After the heart-eating roses
And the nights of the perfect ruby
The new athlete leaps on the magic track
Frolicking with magnetic words
Hot as the earth when a volcano rises
Hurling the sorceries of his bird phrases

The last poet withers away
The bells of the continents chime
The moon dies with the night on its back
The sun pulls the day out of its pocket
The solemn new land opens its eyes
And moves from earth to the stars
The burial of poetry

All the languages are dead
Dead in the hands of the tragic neighbor
We must revive the languages
With raucous laughter
With wagonloads of giggles
With circuit breakers in the sentences
And cataclysm in the grammar
Get up and walk
Stretch your legs limber the stiff joints
Fires of laughter for the shivering language
Astral gymnastics for the numb tongues
Get up and walk
Live live like a football
Burst in the mouth of motorcycle diamonds
In the drunkenness of its fireflies
The very vertigo of its liberation
A beautiful madness in the life of the word
A beautiful madness in the zone of language
Adventure lined with tangible disdain

Aventura de la lengua entre dos naufragios
Catástrofe preciosa en los rieles del verso

Y puesto que debemos vivir y no nos suicidamos
Mientras vivamos juguemos
El simple sport de los vocablos
De la pura palabra y nada más
Sin imagen limpia de joyas
(Las palabras tienen demasiada carga)
Un ritual de vocablos sin sombra
Juego de angel allá en el infinito
palabra por palabra
Con luz propia de astro que un choque vuelve vivo
Saltan chispas del choque y mientras más violento
Más grande es la explosión
Pasión del juego en el espacio
Sin alas de luna y pretensión
Combate singular entre el pecho y el cielo
Total desprendimiento al fin de voz de carne
Eco de luz que sangra aire sobre el aire

Después nada nada
Rumor aliento de frase sin palabra

The adventure of language between two wrecked ships
A delightful catastrophe on the rails of verse

And since we must live and not kill ourselves
As long as we live let us play
The simple sport of words
Of the pure word and nothing more
Without images awash with jewels
(Words carry too much weight)
A ritual of shadowless words
An angel game there in the infinite
Word by word
By the light of a star that a crash brings to life
Sparks leap from the crash and then more violent
More enormous is the explosion
Passion of the game in space
With no moon-wings no pretense
Single combat between chest and sky
Total severance at last of voice and flesh
Echo of light bleeding air into the air

Then nothing nothing
Spirit whisper of the wordless phrase

· CANTO IV ·

No hay tiempo que perder
Enfermera de sombras y distancias
Yo vuelvo a ti huyendo del reino incalculable
De ángeles prohibidos por el amanecer

Detrás de tu secreto te escondías
En sonrisa de párpados y de aire
Yo levanté la capa de tu risa
Y corté las sombras que tenían
Tus signos de distancia señalados

Tu sueño se dormirá en mis manos
Marcado de las líneas de mi destino inseparable
En el pecho de un mismo pájaro
Que se consume en el fuego de su canto
De su canto llorando al tiempo
Porque se escurre entre los dedos

Sabes que tu mirada adorna los veleros
De las noches mecidas en la pesca
Sabes que tu mirada forma el nudo de las estrellas
Y el nudo del canto que saldrá del pecho
Tu mirada que lleva la palabra al corazón
Y a la boca embrujada del ruiseñor

· CANTO IV ·

There's no time to lose
Nurse of the shadows nurse of distance
I escape back to you from the immeasurable kingdom
Of angels prohibited by dawn

You used to hide behind your secrets
With a smile of eyelids and air
And I lifted the cape of your laughter
And I cut through the shadows
That cast the signs of distance over you

Your dream will sleep in my hands
Marked with the lines of my inseparable fate
In the breast of the same bird
That consumes itself in the fire of its song
Of its song that weeps for time
For time slips through the fingers

You know your glance bedecks the sailboats
In the rocking nights of the catch
You know your glance ties the knot of the stars
And the knot of the song that will come from this chest
Your glance that carries the word to the heart
To the enchanted mouth of the nightingale

No hay tiempo que perder
A la hora del cuerpo en el naufragio ambiguo
Yo mido paso a paso el infinito

El mar quiere vencer
Y por lo tanto no hay tiempo que perder
Entonces
      Ah entonces
Más allá del último horizonte
Se verá lo que hay que ver

Por eso hay que cuidar el ojo precioso regalo del cerebro
El ojo anclado al medio de los mundos
Donde los buques se vienen a varar
¿Mas si se enferma el ojo qué he de hacer?
¿Qué haremos si han hecho mal de ojo al ojo?
Al ojo avizor afiebrado como faro de lince
La geografía del ojo digo es la más complicada
El sondaje es difícil a causa de las olas
Los tumultos que pasan
La apretura continua
Las plazas y avenidas populosas
Las procesiones con sus estandartes
Bajando por el iris hasta perderse
El rajah en su elefante de tapices
La cacería de leones en selvas de pestañas seculares
Las migraciones de pájaros friolentos hacia otras retinas
Yo amo mis ojos y tus ojos y los ojos
Los ojos con su propia combustión
Los ojos que bailan al son de una música interna
Y se abren como puertas sobre el crimen
Y salen de su órbita y se van como cometas sangrientos al azar
Los ojos que se clavan y dejan heridas lentas a cicatrizar
Entonces no se pegan los ojos como cartas

There's no time to lose
At the hour of the body in the dubious shipwreck
Step by step I measure the infinite

The sea waits to conquer
So there's no time to lose
Then
        Ah then
Beyond the last horizon
We'll see what there is to see

So take care of the eye precious gift of the brain
The eye anchored in the middle of the worlds
Where the great ships run aground
But what can one do if the eye falls sick?
What will we do when they give the eye the evil eye?
The bright eye feverish as a lynx-eyed lighthouse
The geography of the eye I may state is most complex
Sounding its depths is difficult on account of the waves
The mobs of passers-by
The constant crush
The crowded avenues and squares
The parades with their banners
Marching down through the iris until they are lost
The rajah on his elephant of rugs
The lion hunt in the jungles of secular eyelashes
The migrations of shivering birds to other retinas
I love my eyes and your eyes and eyes
Eyes with their own flash-point
Eyes that dance to the sound of an inner music
And open like a door onto a crime
And abandon their orbits and go off like bloodstained comets
        into chance
Eyes so sharp they leave wounds that are slow to heal
And can't be closed like an envelope

Y son cascadas de amor inagotables
Y se cambian día y noche
Ojo por ojo
Ojo por ojo como hostia por hostia
Ojo árbol
Ojo pájaro
Ojo río
Ojo montaña
Ojo mar
Ojo tierra
Ojo luna
Ojo cielo
Ojo silencio
Ojo soledad por ojo ausencia
Ojo dolor por ojo risa

No hay tiempo que perder
Y si viene el instante prosaico
Siga el barco que es acaso el mejor
Ahora que me siento y me pongo a escribir
Qué hace la golondrina que vi esta mañana
Firmando cartas en el vacío?
Cuando muevo el pie izquierdo
Qué hace con su pie el gran mandarín chino?
Cuando enciendo un cigarro
Qué hacen los otros cigarros que vienen en el barco?
En dónde está la planta del fuego futuro?
Y si yo levanto los ojos ahora mismo
Qué hace con sus ojos el explorador de pie en el polo?
Yo estoy aquí
¿En dónde están los otros?
Eco de gesto en gesto
Cadena electrizada o sin correspondencias
Interrumpido el ritmo solitario

They are waterfalls of neverending love
Day and night they change
Eye for an eye
Eye for an eye like host for a host
Treeeye
Birdeye
Rivereye
Mountaineye
Seaeye
Eartheye
Mooneye
Skyeye
Quieteye
A loneeye for a losseye
A soreeye for a lullabeye

There's no time to lose
And if the prosaic moment comes
Follow the ship perhaps it's best
Now that I'm sitting and I start to write
What's the swallow doing the one I saw this morning
Signing letters in space?
When I move my left foot
What does the great Chinese mandarin do with his foot?
When I light a cigarette
What happens to the other cigarettes that came on the boat?
Where is the leaf of the future fire?
And if I raise my eyes just now
What's the explorer on foot to the pole doing with his eyes?
I am here
Where are the others?
Act echoes act
A chain electrified or with no connections
A solitary rhythm interrupted

¿Quiénes se están muriendo y quiénes nacen
Mientras mi pluma corre en el papel?

No hay tiempo que perder
Levántate alegría
Y pasa de poro en poro la aguja de tus sedas

Darse prisa darse prisa
Vaya por los globos y los cocodrilos mojados
Préstame mujer tus ojos de verano
Yo lamo las nubes salpicadas cuando el otoño sigue la carreta
    del asno
Un periscopio en ascensión debate el pudor del invierno
Bajo la perspectiva del volantín azulado por el infinito
Color joven de pájaros al ciento por ciento
Tal vez era un amor mirado de palomas desgraciadas
O el guante importuno del atentado que va a nacer de una
    mujer o una amapola
El floreo de mirlos que se besan volando
Bravo pantorrilla de noche de la más novia que se esconde en
    su piel de flor

Rosa al revés rosa otra vez y rosa y rosa
Aunque no quiera el carcelero
Río revuelto para la pesca milagrosa

Noche préstame tu mujer con pantorrillas de florero de
    amapolas jóvenes
Mojadas de color como el asno pequeño desgraciado
La novia sin flores ni globos de pájaros
El invierno endurece las palomas presentes
Mira la carreta y el atentado de cocodrilos azulados
Que son periscopios en las nubes del pudor
Novia en ascensión al ciento por ciento celeste
Lame la perspectiva que ha de nacer salpicada de volantines

Who's dying and who's being born
While my pen runs across the paper?

There's no time to lose
Joy get up
And run the needle of your silks from pore to pore

Hurry up hurry up
Travel the worlds and the wet crocodiles
Lend me woman your summer eyes
I lap splattered clouds as autumn follows the donkey cart
A rising periscope debates the modesty of winter
From the perspective of a kite made blue by the infinite
The young color of birds at 100%
Perhaps it was a romance watched by hapless doves
Or the rude glove of crime that will be born to a woman or a
        poppy
The flowerpot of blackbirds that kiss in midair
Bravo night-calf of the sweetheart who hides in her flower skin

Rose upturned and rose returned and rose and rose
Though the warden don't want it
Muddy rivers make for clean fishing

Night lend me your woman with calves of a flowerpot of
        young poppies
Moist with color like the hapless little donkey
The sweetheart with no flowers no worlds of birds
Winter hardens the current doves
Look at the cart and the crimes of crocodiles turning blue
That are periscopes in the clouds of modesty
Sweetheart rising to celestial 100%
Lap the perspective which will be born from a splatter of kites

Y de los guantes agradables del otoño que se debate en la piel
del amor.

No hay tiempo que perder
La indecisión en barca para los viajes
Es un presente de las crueldades de la noche
Porque el hombre malo o la mujer severa
No pueden nada contra la mortalidad de la casa
Ni la falta de orden
Que sea oro o enfermedad
Noble sorpresa o espión doméstico para victoria extranjera
La disputa intestina produce la justa desconfianza
De los párpados lavados en la prisión
Las penas tendientes a su fin son travesaños antes del
        matrimonio
Murmuraciones de cascada sin protección
Las disensiones militares y todos los obstáculos
A causa de la declaración de esa mujer rubia
Que critica la pérdida de la expedición
O la utilidad extrema de la justicia
Como una separación de amor sin porvenir
La prudencia llora los falsos extravíos de la locura naciente
Que ignora completamente las satisfacciones de la moderación

No hay tiempo que perder
Para hablar de la clausura de la tierra y la llegada del día ag-
ricultor a la nada amante de lotería sin proceso ni niño para
enfermedad pues el dolor imprevisto que sale de los
cruzamientos de la espera en este campo de la sinceridad
nueva es un poco negro como el eclesiástico de las empresas
para la miseria o el traidor en retardo sobre el agua que
busca apoyo en la unión o la disensión sin reposo de la ig-
norancia Pero la carta viene sobre la ruta y la mujer colocada

And the agreeable gloves of autumn that debate in the skin of
    romance

There's no time to lose
The indecision aboard the voyaging ship
Is a gift of the cruelties of night
For the evil man or the solemn woman
Can do nothing against the death rate in the house
Nor the lack of order
Whether from gold or illness
An honorable surprise or domestic espionage for foreign
    victory
Internal dispute produces justified mistrust
Of eyelids washed in prison
Sorrows reaching their end are the crossbeams before marriage
Murmurs of unprotected waterfalls
Military dissensions and all the obstacles
On account of the statement of that blonde woman
Who criticizes the loss of the expedition
Or the ultimate utility of justice
Like the legal separation of a love with no future
Prudence weeps for the pseudo-aberrations of a budding
    madness
That completely ignores the pleasures of moderation

There's no time to lose
In order to speak of the hermitage of the earth and the ar-
rival of the agricultural day to nothingness lover of lotteries
with neither progress nor a child for comfort then the un-
foreseen pain that comes from the crossroads of hope in this
land of a new sincerity is somewhat obscure like the priest of
the business of misery or the traitor stranded on the water
who seeks protection in the unwavering union or strife of
ignorance But the letter comes along its route and the
woman placed in the position of pain knows the successful

en el incidente del duelo conoce el buen éxito de la preñez y
la inacción del deseo pasado da la ventaja al pueblo que tiene
inclinación por el sacerdote pues él realza de la caída y se
hace más íntimo que el extravío de la doncella rubia o la
amistad de la locura

No hay tiempo que perder
Todo esto es triste como el niño que está quedándose huérfano
O como la letra que cae al medio del ojo
O como la muerte del perro de un ciego
O como el río que se estira en su lecho de agonizante
Todo esto es hermoso como mirar el amor de los gorriones
Tres horas después del atentado celeste
O como oir dos pájaros anónimos que cantan a la misma
        azucena
O como la cabeza de la serpiente donde sueña el opio
O como el rubí nacido de los deseos de una mujer
Y como el mar que no se sabe si ríe o llora
Y como los colores que caen del cerebro de las mariposas
Y como la mina de oro de las abejas
Las abejas satélites del nardo como las gaviotas del barco
Las abejas que llevan la semilla en su interior
Y van más perfumadas que pañuelos de narices
Aunque no son pájaros
Pues no dejan sus iniciales en el cielo
En la lejanía del cielo besada por los ojos
Y al terminar su viaje vomitan el alma de los pétalos
Como las gaviotas vomitan el horizonte
Y las golondrinas el verano

No hay tiempo que perder
Ya viene la golondrina monotémpora
Trae un acento antípoda de lejanías que se acercan
Viene gondoleando la golondrina

results of pregnancy and the inactivity of past desire gives an advantage to people who have an inclination for the priest-hood but he gains in stature from the fall and becomes more intimate than the aberrations of the fair maiden or the friendship of madness

There's no time to lose
All this is so sad like the child who's left an orphan
Like the letter that falls in the middle of an eye
Like the dog's death of a blind man
Like the river stretching out on its deathbed
All this is so lovely like watching sparrow love
Three hours after the cosmic crime
Like hearing two anonymous birds singing to the same lily
Like the snake's head where opium dreams
Like the ruby born of a woman's desires
Like the sea that doesn't know if it laughs or cries
Like the colors that fall from the brains of butterflies
Like the gold mine of the bees
Bees satellites to spikenard like seagulls to a boat
The bees that carry the seed within
And drift off more perfumed than handkerchiefs
Though they are not birds
And do not leave their monograms on the sky
On the far-off eye-kissed sky
And at journey's end they vomit the petals' soul
As seagulls vomit the horizon
And swallows the summer

There's no time to lose
Look here swoops the monochronic swallow
With an antipodal tone of approaching distance
Here swoops the swallowing swallow

Al horitaña de la montazonte
La violondrina y el goloncelo
Descolgada esta mañana de la lunala
Se acerca a todo galope
Ya viene viene la golondrina
Ya viene viene la golonfina
Ya viene la golontrina
Ya viene la goloncima
Viene la golonchina
Viene la golonclima
Ya viene la golonrima
Ya viene la golonrisa
La golonniña
La golongira
La golonlira
La golonbrisa
La golonchilla
Ya viene la golondía
Y la noche encoge sus uñas como el leopardo
Ya viene la golontrina
Que tiene un nido en cada uno de los dos calores
Como yo lo tengo en los cuatro horizontes
Viene la golonrisa
Y las olas se levantan en la punta de los pies
Viene la golonniña
Y siente un vahido la cabeza de la montaña
Viene la golongira
Y el viento se hace parábola de sílfides en orgía
Se llenan de notas los hilos telefónicos
Se duerme el ocaso con la cabeza escondida
Y el árbol con el pulso afiebrado

Pero el cielo prefiere el rodoñol
Su niño querido el rorreñol
Su flor de alergría el romiñol

At the horislope of the mountizon
The violonswallow with a cellotail
Slipped down this morning from a lunawing
And hurries near
Look here swoops the swooping swallow
Here swoops the whooping wallow
Here swoops the weeping wellow
Look here swoops the sweeping shrillow
Swoops the swamping shallow
Swoops the sheeping woolow
Swoops the slooping swellow
Look here swoops the sloping spillow
The scooping spellow
The souping smellow
The seeping swillow
The sleeping shellow
Look here swoops the swooping day
And the night retracts its claws like a leopard
Swoops the swapping swallow
With a nest in each of the torrid zones
As I have them on the four horizons
Swoops the snooping smallow
And waves rise on tiptoe
Swoops the whelping whirllow
And the mountain's head feels dizzy
Swoops the slapping squallow
And the wind's a parabola of orgiastic sylphs
The telephone wires fill with notes
The sunset sleeps head under the sheets
And the tree with a feverish pulse

But the sky prefers the nigh*do*ngale
Its favorite son the nigh*re*ngale
Its flower of joy the nigh*mi*ngale

Su piel de lágrima el rofañol
Su garganta nocturna el rosolñol
El rolañol
El rosiñol

No hay tiempo que perder
El buque tiene los días contados
Por los hoyos peligrosos que abren las estrellas en el mar
Puede caerse al fuego central
El fuego central con sus banderas que estallan de cuando en
       cuando
Los elfos exacerbados soplan las semillas y me interrogan
Pero yo sólo oigo las notas del alhelí
Cuando alguien aprieta los pedales del viento
Y se presenta el huracán
El río corre como un perro azotado
Corre que corre a esconderse en el mar
Y pasa el rebaño que devasta mis nervios
Entonces yo sólo digo
Que no compro estrellas en la nochería
Y tampoco olas nuevas en la marería
Prefiero escuchar las notas del alhelí
Junto a la cascada que cuenta sus monedas
O el bromceo del aeroplano en la punta del cielo
O mirar el ojo del tigre donde sueña una mujer desnuda
Porque si no la palabra que viene de tan lejos
Se quiebra entre los labios

Yo no tengo orgullos de campanario
Ni tengo ningún odio petrificado
Ni grito como un sombrero afectuoso que viene saliendo del
       desierto
Digo solamente
No hay tiempo que perder
El vizir con lenguaje de pájaro

Its skin of tears the nigh*fa*ngale
Its nocturnal throat the nigh*so*ngale
The nigh*la*ngale
The nigh*ti*ngale

There's no time to lose
The steamer has the days marked
For the dangerous holes stars open in the sea
It could fall into the central fire
The central fire with its banners that explode from time to time
Irritated elves blow away the seeds and interrogate me
But I hear only the notes of the wallflower
When someone pushes the pedals of the wind
And the hurricane appears
The river runs like a whipped dog
And the flock goes by devastating my nerves
Then I can only say
That I don't buy stars at the nightery
Or new waves at the seastore
I prefer to listen to the notes of the wallflower
Next to the waterfall that counts its change
Or the squeal of the airplane at the tip of the sky
Or to see the tiger's eye where a naked woman dreams
For if not the word that comes from so far
Will shatter between my lips

I have no towering pride
Nor any petrified hates
I don't shout like a friendly hat that comes out of the desert
I only say
There's no time to lose
The vizier speaks to us in bird-language

Nos habla largo largo como un sendero
Las caravanas se alejan sobre su voz
Y los barcos hacia horizontes imprecisos
El devuelve el oriente sobre las almas
Que toman un oriente de perla
Y se llenan de fósforos a cada paso
De su boca brota una selva
De su selva brota un astro
Del astro cae una montaña sobre la noche
De la noche cae otra noche
Sobre la noche del vacío
La noche lejos tan lejos que parece una muerta que se llevan
Adiós hay que decir adiós
Adiós hay que decir Dios
Entonces el huracán destruído por la luz de la lengua
Se deshace en arpegios circulares
Y aparece la luna seguida de algunas gaviotas
Y sobre el camino
Un caballo que se va agrandando a medida que se aleja

Darse prisa darse prisa
Están prontas las semillas
Esperando una orden para florecer
Paciencia ya luego crecerán
Y se irán por los senderos de la savia
Por su escalera personal
Un momento de descanso
Antes del viaje al cielo del árbol
El árbol tiene miedo de alejarse demasiado
Tiene miedo y vuelve los ojos angustiados
La noche lo hace temblar
La noche y su licantropía
La noche que afila sus garras en el viento
Y aguza los oídos de la selva

Long long as a path
Caravans move off over his voice
And ships toward blurred horizons
He restores the orient to souls
That eat orient of pearl
And stuff themselves with matches at every step
A forest sprouts from his mouth
A star sprouts from his forest
From the star a mountain falls on the night
From the night another night falls
On the night of space
The far-off night so far off it seems like a dead woman they
    carry
Good-bye one must say good-bye
Good-bye one must say to God
Then the hurricane wrecked by the tongue's light
Unravels in circular arpeggios
And the moon appears followed by some gulls
And on the road
A horse goes off growing larger as it goes

Hurry up hurry up
The seeds are ready
Waiting for the order to flower
Be patient soon they'll grow
And travel along the paths of sap
Up their private stairway
A minute of rest
Before the tree's voyage to the sky
The tree is afraid of going too far
It's afraid and looks back in anguish
Night makes it tremble
The lycanthropic night
The night that files its claws on the wind
And sharpens the sounds of the forest

Tiene miedo digo el árbol tiene miedo
De alejarse de la tierra

No hay tiempo que perder
Los iceberg que flotan en los ojos de los muertos
Conocen su camino
Ciego sería el que llorara
Las tinieblas del féretro sin límites
Las esperanzas abolidas
Los tormentos cambiados en inscripción de cementerio
Aquí yace Carlota ojos marítimos
Se le rompió un satélite
Aquí yace Matías en su corazón dos escualos se batían
Aquí yace Marcelo mar y cielo en el mismo violoncelo
Aquí yace Susana cansada de pelear contra el olvido
Aquí yace Teresa esa es la tierra que araron sus ojos hoy
        ocupada por su cuerpo
Aquí yace Angélica anclada en el puerto de sus brazos
Aquí yace Rosario río de rosas hasta el infinito
Aquí yace Raimundo raíces del mundo son sus venas
Aquí yace Clarisa clara risa enclaustrada en la luz
Aquí yace Alejandro antro alejado ala adentro
Aquí yace Gabriela rotos los diques sube en las savias hasta el
        sueño esperando la resurrección
Aquí yace Altazor azor fulminado por la altura
Aquí yace Vincente antipoeta y mago

Ciego sería el que llorara
Ciego como el cometa que va con su bastón
Y su neblina de ánimas que lo siguen
Obediente al instinto de sus sentidos
Sin hacer caso de los meteoros que apedrean desde lejos
Y viven en colonias según la temporada
El meteoro insolente cruza por el cielo
El meteplata el metecobre

It's afraid I say the tree is afraid
Of going too far from the earth

There's no time to lose
The icebergs that float in the eyes of the dead
Know the way
He who weeps will be blind
Darkness of the endless crypt
Abandoned hopes
Torments turned into cemetery script
Here lies Carlotta seagoing eyes
Crushed by a satellite
Here lies Matthew two sharks battled in his heart
Here lies Marcello heaven and hello in the same violoncello
Here lies Susannah weary of struggling against the void
Here lies Teresa till *terra* erases her eyes
Here lies Angelica anchored in the bay of her arms
Here lies Rosemary rose married to the infinite
Here lies Rupert roots of earth are his veins
Here lies Clarissa clear is her smile encloistered in the light
Here lies Alexander alas under till all is yonder
Here lies Gabriela the dams broken she rises with the sap
        toward sleep awaiting resurrection
Here lies Altazor hawk exploded by the altitude
Here lies Vicente antipoet and magician

He who weeps will be blind
Blind as the comet that travels with its staff
And its mist of souls that follow it
Instinctively obedient to its wishes
Never minding the meteoroids that pelt from afar
And live in colonies according to the seasons
The insolent meteoroid crosses the sky
The silveroid the copperoid

El metepiedras en el infinito
Meteópalos en la mirada
Cuidado aviador con las estrellas
Cuidado con la aurora
Que el aeronauta no sea el auricida
Nunca un cielo tuvo tantos caminos como éste
Ni fué tan peligroso
La estrella errante me trae el saludo de un amigo muerto hace
        diez años
Darse prisa darse prisa
Los planetas maduran en el planetal
Mis ojos han visto la raíz de los pájaros
El más allá de los nenúfares
Y el ante acá de las mariposas
¿Oyes el ruido que hacen las mandolinas al morir?
Estoy perdido
No hay más que capitular
Ante la guerra sin cuartel
Y la emboscada nocturna de estos astros

La eternidad quiere vencer
Y por lo tanto no hay tiempo que perder
Entonces
        Ah entonces
Más allá del último horizonte
Se verá lo que hay que ver
La ciudad
Debajo de las luces y las ropas colgadas
El jugador aéreo
Desnudo
Frágil
La noche al fondo del océano
Tierna ahogada
La muerte ciega
        Y su esplendor

The meteorocks in the infinite
The meteopolis in a glance
Aviator be careful with stars
Careful with dawn
Lest the aeronaut become a sunicide
The sky has never had as many roads as this
Never has it been so treacherous
An errant star brings me greetings from a friend ten years dead
Hurry up hurry up
Planets are ripening in the planetary
My eyes have seen the root of all birds
Beyond the beyond of waterlilies
And before the before of butterflies
Do you hear the sound that mandolins make when dying?
I am lost
There's nothing left but capitulation
To the war without quarter
And the nightly ambush of these stars

Eternity waits to conquer
And for that reason there's no time to lose
Then
       Ah then
Beyond the last horizon
We'll see what there is to see
The city
Beneath the lights and the hanging wash
The aerial trickster
Naked
Fragile
The night at the bottom of the sea
Tender   drowned
Blind death
              And its splendor

Y el sonido y el sonido
Espacio la lumbrera
                    A estribor
                    Adormecido
En cruz
        en luz
La tierra y su cielo
El cielo y su tierra
Selva noche
Y río día por el universo
El pájaro tralalí canta en las ramas de mi cerebro
Porque encontró la clave del eterfinifrete
Rotundo como el unipacio y el espaverso
Uiu uiui
Tralalí tralalá
Aia ai ai aaia i i

And the sound and the sound
Space the light-shaft
                    Drowsy
                    At the starboard
In height
        In light
Earth and its sky
Sky and its earth
Forest night
And river day through the universe
The bird tralalee sings in the branches of my brain
For I've found the key to the infiniternity
Round as the unimos and the cosverse
Oooheeoo ooheeoohee
Tralalee tralala
Aheeaah ahee ahee aaheeah ee ee

• CANTO V •

Aquí comienza el campo inexplorado
Redondo a causa de los ojos que lo miran
Y profundo a causa de mi propio corazón
Lleno de zafiros probables
De manos de sonámbulos
De entierros aéreos
Conmovedores como el sueño de los enanos
O el ramo cortado en el infinito
Que trae la gaviota para sus hijos

Hay un espacio despoblado
Que es preciso poblar
De miradas con semillas abiertas
De voces bajadas de la eternidad
De juegos nocturnos y aerolitos de violín
De ruido de rebaños sin permiso
Escapados del cometa que iba a chocar
¿Conoces tú la fuente milagrosa
Que devuelve a la vida los náufragos de antaño?
¿Conoces tú la flor que se llama voz de monja
Que crece hacia abajo y se abre al fondo de la tierra?
¿Has visto al niño que cantaba
Sentado en una lágrima
El niño que cantaba al lado de un suspiro
O de un ladrido de perro inconsolable?
¿Has visto al arco-iris sin colores

• CANTO V •

Here begins the unexplored territory
Round on account of the eyes that behold it
Profound on account of my heart
Filled with probable sapphires
Sleepwalkers' hands
And aerial burials
Eerie as the dreams of dwarfs
Or the branch snapped off in the infinite
The seagull carries to its young

There is an unpopulated space
That must be populated
With glances of open seeds
With voices sent down from eternity
With nocturnal games and violin aerolites
With the rumble of unruly herds
Escaped from the comet's crash
Do you know the miraculous fountain
That restores life to the shipwrecked of long ago?
Do you know the flower called *nun's voice*
That grows downward and blooms in the depths of the earth?
Have you seen the boy who sang
Sitting on a teardrop
The boy who sang by the side of a sigh
By the whimpers of an inconsolable dog?
Have you seen the colorless rainbow

Terriblemente envejecido
Que vuelve del tiempo de los faraones?

El miedo cambia la forma de las flores
Que esperan temblando el juicio final
Una a una las estrellas se arrojan por el balcón
El mar se está durmiendo detrás de un árbol
Con su calma habitual
Porque sabe desde los tiempos bíblicos
Que el regreso es desconocido en la estrella polar

Ningún navegante ha encontrado la rosa de los mares
La rosa que trae el recuerdo de sus abuelos
Del fondo de sí misma
Cansada de soñar
Cansada de vivir en cada pétalo
Viento que estás pensando en la rosa del mar
Yo te espero de pie al final de esta línea
Yo sé dónde se esconde la flor que nace del sexo de las sirenas
En el momento del placer
Cuando debajo del mar empieza a atardecer
Y se oye crujir las olas
Bajo los pies del horizonte
Yo sé yo sé dónde se esconde

El viento tiene la voz de abeja de la joven pálida
La joven pálida como su propia estatua
Que yo amé en un rincón de mi vida
Cuando quería saltar de una esperanza al cielo
Y caí de naufragio en naufragio de horizonte en horizonte
Entonces vi la rosa que se esconde
Y que nadie ha encontrado cara a cara

Terribly aged
That comes back from the time of the pharaohs?

Fear changes the shape of the flowers
That tremble waiting for the final judgement
One by one stars shoot from the balcony
The sea is asleep behind a tree
With its usual calm
For it knows that ever since Biblical times
On the pole star there's no return

No sailor has ever found the rose of the seas
The rose that holds the memory of its ancestors
Deep in itself
Weary of dreaming
Weary of living in every petal
Wind that thinks of the rose of the sea
I stand waiting for you at the end of this line
I know where it's hidden
The flower born from the sex of sirens
In the moment of pleasure
When it starts to grow late beneath the sea
And one hears the waves gnashing
Under the feet of the horizon
I know I know where it's hidden

Wind with the bee's voice of a pale girl
The girl pale as her own statue
Whom I loved in a corner of my life
When I wanted to leap from hope to the sky
And I fell from shipwreck to shipwreck horizon to horizon
It was then that I saw the hidden rose
That no one had seen face to face

¿Has visto este pájaro de islas lejanas
Arrojado por la marea a los pies de mi cama?
¿Has visto el anillo hipnótico que va de ojo a ojo
Del amor al amor del odio al odio
Del hombre a la mujer del planeta a la planeta?
¿Has visto en el cielo desierto
La paloma amenazada por los años
Con los ojos llenos de recuerdos
Con el pecho lleno de silencio
Más triste que el mar después de un naufragio?

Detrás del águila postrera cantaba el cantador
Tenía un anillo en el corazón
Y se sentó en la tierra de su esfuerzo
Frente al volcán desafiado por una flor
El atleta quisiera ser un faro
Para tener barcos que lo miren
Para hacerlos dormir para dormirse
Y arrullar al cielo como un árbol
El atleta
Tiene un anillo en la garganta
Y así se pasa el tiempo
Quieto quieto
Porque le están creciendo anémonas en el cerebro

Contempla al huérfano que se paró en su edad
Por culpa de los ríos que llevan poca agua
Por culpa de las montañas que no bajan
Crece crece dice el violoncelo
Como yo estoy creciendo
Como está creciendo la idea del suicidio en la bella jardinera
Crece pequeño zafiro más tierno que la angustia
En los ojos del pájaro quemado

Have you seen that bird from exotic isles
Hurled by the tides to the foot of my bed?
Have you seen the hypnotic ring that runs from eye to eye
Love to love hate to hate
Man to woman planet to planette?
Have you seen up there in the empty sky
The dove threatened by the years
With eyes full of memories
With a breast full of silence
Sadder than the sea after a shipwreck?

Behind the last eagle the singer sang
With a ring in his heart
And he sat on the earth of his spirit
Before a volcano defied by a flower
The athlete would like to be a lighthouse
To be watched by boats
To make them sleep so he could sleep
And coo at the sky like a tree
The athlete
Has a ring in his throat
And so time passes
Calmly calmly
For anemones are growing in his brain

Study the orphan stopped in youth
On account of the rivers that bring little water
On account of the mountains that won't come down
Grow grow says the violoncello
As I am growing
As the idea of suicide is growing in the pretty flower-girl
Grow little sapphire more tender than affliction
In the eyes of a burning bird

Creceré creceré cuando crezca la ciudad
Cuando los peces se hayan bebido todo el mar
Los días pasados son caparazones de tortuga
Ahora tengo barcos en la memoria
Y los barcos se acercan día a día
Oigo un ladrido de perro que da la vuelta al mundo
En tres semanas
Y se mueren llegando

El corazón ha roto las amarras
A causa de los vientos
Y el niño está quedándose huérfano

Si el paisaje se hiciera paloma
Antes de la noche se lo comería el mar
Pero el mar está preparando un naufragio
Y tiene sus pensamientos por otros lados

Navío navío
Tienes la vida corta de un abanico
Aquí nos reímos de todo eso
Aquí en el lejos lejos

La montaña embrujada por un ruiseñor
Sigue la miel del oso envenenado
Pobre oso de piel de oso envenenado por la noche boreal
Huye que huye de la muerte
De la muerte sentada al borde del mar

La montaña y el montaño
Con su luno y con su luna
La flor florecida y el flor floreciendo
Una flor que llaman girasol
Y un sol que se llama giraflor

I will grow I will grow when the city grows
When the fish have drunk all the sea
The old days are like the shells of turtles
Now there are boats in my memory
And the boats come closer day by day
I hear the dog's bark that turns the world
In three weeks
And is dead on arrival

The heart has broken its moorings
On account of the wind
And the boy remains an orphan

If the landscape became a dove
The sea would eat it before nightfall
But the sea is organizing a shipwreck
And it has its mind on other things

Ship oh ship
With the short life of a fan
Here we laugh at all that
Here in the far faraway

The mountain bewitched by a nightingale
Follows the honey of the poisoned bear
Poor little bear with his bearskin poisoned by the northern
        nights
Run run away from death
From death sitting by the edge of the sea

The mountain and the moontain
With her moon and his moun
Her blossomed blossom his bliss in blissum
A flower known as sunflower
And a sun called flowersun

El pájaro puede olvidar que es pájaro
A causa del cometa que no viene
Por miedo al invierno o a un atentado
El cometa que debía nacer de un telescopio y una hortensia
Que se creyó mirar y era mirado

Un aviador se mata sobre el concierto único
Y el angel que se baña en algún piano
Se vuelve otra vez envuelto en sones
Buscando el receptor en los picachos
Donde brotan las palabras y los ríos

Los lobos hacen milagros
En las huellas de la noche
Cuando el pájaro incógnito se nubla
Y pastan las ovejas al otro lado de la luna

Si es un recuerdo de música
Nadie puede impedir que el circo se agrande en el silencio
Ni las campanas de los astros muertos
Ni la serpiente que se nutre de colores
Ni el pianista que está saliendo de la tierra
Ni el misionero que olvidó su nombre

Si el camino se sienta a descansar
O se remoja en el otoño de las constelaciones
Nadie impedirá que un alfiler se clave en la eternidad
Ni la mujer espolvoreada de mariposas
Ni el huérfano amaestrado por una tulipa
Ni la cebra que trota alrededor de un valse
Ni el guardián de la suerte

El cielo tiene miedo de la noche
Cuando el mar hace dormir los barcos

The bird can forget that it's a bird
On account of the comet that never arrives
Out of fear of winter or a crime
The comet that ought to have been born from a telescope and
     a hydrangea
That thought it would see and was seen

An aviator kills himself over the concert
And the angel bathing in some piano
Turns around again enveloped in sound
Searching for the receiver in the peaks
Where words and rivers spring

Wolves perform miracles
In the tracks of night
When the unknown bird clouds over
And sheep graze on the other side of the moon

If there is a trace of music
No one can stop the circus from expanding in the silence
Nor the bells of dead stars
Nor the snake that feeds on color
Nor the pianist who's leaving the earth
Nor the missionary who's forgotten his name

If the road sits down to rest
Or soaks itself in the autumn of the constellations
No one will stop a pin from being fastened to eternity
Nor the woman powdered with butterflies
Nor the orphan taught by a tulip
Nor the zebra trotting through a waltz
Nor the guardian of fate

The sky is afraid of the night
When the sea puts the boats to sleep

Cuando la muerte se nutre en los rincones
Y la voz del silencio se llena de vampiros
Entonces alumbramos un fuego bajo el oráculo
Para aplacar la suerte
Y alimentamos los milagros de la soledad
Con nuestra propia carne
Entonces en el cementerio sellado
Y hermoso como un eclipse
La rosa rompe sus lazos y florece al reverso de la muerte

Noche de viejos terrores de noche
¿En dónde está la gruta polar nutrida de milagros?
¿En dónde está el mirage delirante
De los ojos de arco-iris y de la nebulosa?
Se abre la tumba y al fondo se ve el mar
El aliento se corta y el vértigo suspenso
Hincha las sienes se derrumba en las venas
Abre los ojos más grandes que el espacio que cabe en ellos
Y un grito se cicatriza en el vacío enfermo
Se abre la tumba y al fondo se ve un rebaño perdido en la
          montaña
La pastora con su capa de viento al lado de la noche
Cuenta las pisadas de Dios en el espacio
Y se canta a sí misma
Se abre la tumba y al fondo se ve un desfile de témpanos de
          hielo
Que brillan bajo los reflectores de la tormenta
Y pasan en silencio a la deriva
Solemne procesión de témpanos
Con hachones de luz dentro del cuerpo
Se abre la tumba y al fondo se ve el otoño y el invierno
Baja lento lento un cielo de amatista
Se abre la tumba y al fondo se ve una enorme herida
Que se agranda en lo profundo de la tierra
Con un ruido de verano y primaveras

When death feeds in the corners
And the voice of silence is full of vampires
So we light a fire under the oracle
To placate fate
And feed the miracles of solitude
With our own flesh
Then in the cemetery sealed
And beautiful as an eclipse
The rose breaks its chains and flowers on the other side of
    death

Night of ancient terrors of night
Where is the polar grotto fed with miracles?
Where is the delirious mirage
Of rainbow eyes and galaxy eyes?
The tomb opens and in its depths we see the sea
Breath catches and dangling vertigo
Swells the temples rushes down through the veins
Eyes open wider than their sockets
And a scream scars over in the sick void
The tomb opens and in its depths we see a flock lost on the
    mountain
The shepherdess with her cape of wind by the side of night
Counts the footprints of God in space
Singing to herself
The tomb opens and in its depths we see a line of icebergs
That sparkle in the searchlights of the storm
And drift by in silence
A solemn procession of icebergs
With torches of light within their bodies
The tomb opens and in its depths we see an enormous wound
That grows huge in the pit of the earth
With a rumble of summer and springs

Se abre la tumba y al fondo se ve una selva de hadas que se
    fecundan
Cada árbol termina en un pájaro extasiado
Y todo queda adentro de la elipse cerrada de sus cantos
Por esos lados debe hallarse el nido de las lágrimas
Que ruedan por el cielo y cruzan el zodíaco
De signo en signo
Se abre la tumba y al fondo se ve la hirviente nebulosa que se
    apaga y se alumbra
Un aerolito pasa sin responder a nadie
Danzan luminarias en el cadalso ilimitado
En donde las cabezas sangrientas de los astros
Dejan un halo que crece eternamente
Se abre la tumba y salta una ola
La sombra del universo se salpica
Y todo lo que vive en la sombra o en la orilla
Se abre la tumba y sale un sollozo de planetas
Hay mastiles tronchados y remolinos de naufragios
Doblan las campanas de todas las estrellas
Silba el huracán perseguido a través del infinito
Sobre los ríos desbordados
Se abre la tumba y salta un ramo de flores cargadas de cilicios
Crece la hoguera impenetrable y un olor de pasión invade el
    orbe
El sol tantea el último rincón donde se esconde
Y nace la selva mágica
Se abre la tumba y al fondo se ve el mar
Sube un canto de mil barcos que se van
En tanto un tropel de peces
Se petrifica lentamente

Cuánto tiempo ese dedo de silencio
Dominando el insomnio interminable
Que reina en las esferas

The tomb opens and in its depths we see a forest of self-
    fertilizing fairies
Each tree topped with an ecstatic bird
And everything remains within the unbroken ellipse of their
    songs
There one might find the nest of tears
That roll through the sky and cross the zodiac
From sign to sign
The tomb opens and in its depths we see the bubbling nebula
    blinking on and off
An aerolite goes by without answering anyone
And festive lights dance across the endless guillotine
Where the bloody heads of stars
Give off a halo that grows forever
The tomb opens and a wave leaps out
The shadow of the universe splashes itself
And everything living on the bank or in shadow
The tomb opens and a sobbing of planets escapes
There are broken masts and whirlpools of shipwrecks
The bells of all the stars toll
The hurricane whistles chased through the infinite
Across the flooding rivers
The tomb opens and a bouquet of flowers in hairshirts leap out
The impenetrable bonfire grows and a smell of passion invades
    the globe
The sun paces the last corner where it hides
And the magic forest is born
The tomb opens and in its depths we see the sea
There's a song of a thousand boats that go off
While a heap of fish
Slowly petrify

How long has that finger of silence
Dominated the endless insomnia
That rules the spheres

Es hora de dormir en todas partes
El sueño saca al hombre de la tierra

Festejamos el amanecer con las ventanas
Festejamos el amanecer con los sombreros
Se vuela el terror del cielo
Los cerros se lanzan pájaros a la cara
Amanecer con esperanza de aeroplanos
Bajo la bóveda que cuela la luz desde tantos siglos
Amor y paciencia de columna central
Nos frotamos las manos y reímos
Nos lavamos los ojos y jugamos

    El horizonte es un rinoceronte
    El mar un azar
    El cielo un pañuelo
    La llaga una plaga
Un horizonte jugando a todo mar se sonaba con el cielo
        después de las siete plagas de Egipto
El rinoceronte navega sobre el azar como el cometa en su
        pañuelo lleno de plagas

Razón del día no es razón de noche
Y cada tiempo tiene insinuación distinta
Los vegetales salen a comer al borde
Las olas tienden las manos
Para coger un pájaro
Todo es variable en el mirar sencillo
Y en los subterráneos de la vida
Tal vez sea lo mismo

La herida de luna de la pobre loca
La pobre loca de la luna herida
Tenía luz en la celeste boca
Boca celeste que la luz tenía

Everywhere it's time to sleep
And dreams pull man from the earth

We celebrate the dawn with windows
We celebrate the dawn with hats
Terror flies from the sky
The hills throw birds in our faces
Dawn rises with the hope of airplanes
Under the vault that has filtered the light for so many centuries
The love and patience of the central column
We rub our hands and laugh
We wash our hands and play along

     The horizon's a bison
     Merci the sea
     The heavens a hanky
     The wave a plague
An horizon playing in the open sea blew its nose with a
     heavens after the seven plagues of Egypt
The bison sails over *merci* like a comet in its hanky full of
     plague

The reason of day is not the reason of night
And each time has its own distinct innuendo
Plants come out to chew at the border
Waves stretch their hands
To catch a bird
All is fickle in plain sight
And in the undergrounds of life
It may all be the same

The wound from the moon of the poor madwoman
The poor madwoman of the wounded moon
With light in her heavenly mouth
The heavenly mouth of light

El mar de flor para esperanza ciega
Ciega esperanza para flor de mar
Cantar para el ruiseñor que al cielo pega
Pega el cielo al ruiseñor para cantar

Jugamos fuera del tiempo
Y juega con nosotros el molino de viento
Molino de viento
Molino de aliento
Molino de cuento
Molino de intento
Molino de aumento
Molino de ungüento
Molino de sustento
Molino de tormento
Molino de salvamento
Molino de advenimiento
Molino de tejimiento
Molino de rugimiento
Molino de tañimiento
Molino de afletamiento
Molino de agolpamiento
Molino de alargamiento
Molino de alejamiento
Molino de amasamiento
Molino de engendramiento
Molino de ensoñamiento
Molino de ensalzamiento
Molino de enterramiento
Molino de maduramiento
Molino de malogramiento
Molino de maldecimiento
Molino de sacudimiento
Molino de revelamiento
Molino de oscurecimiento

Flower sea for blind hope
Blind hope for the sea flower
Sing for the nightingale that slaps the sky
The sky slaps the nightingale to sing

We play outside of time
And the windmill plays along
The wind mill
The mill of inspiration
The mill of narration
The mill of determination
The mill of proliferation
The mill of embrocation
The mill of cultivation
The mill of vexation
The mill of salvation
The mill of incarnation
The mill of fabrication
The mill of ululation
The mill of syncopation
The mill of eructation
The mill of agglomeration
The mill of elongation
The mill of separation
The mill of manipulation
The mill of propagation
The mill of inebriation
The mill of exaltation
The mill of inhumation
The mill of maturation
The mill of frustration
The mill of damnation
The mill of detonation
The mill of revelation
The mill of obfuscation

Molino de enajenamiento
Molino de enamoramiento
Molino de encabezamiento
Molino de encastillamiento
Molino de aparecimiento
Molino de despojamiento
Molino de atesoramiento
Molino de enloquecimiento
Molino de ensortijamiento
Molino de envenenamiento
Molino de acontecimiento
Molino de descuartizamiento
Molino del portento
Molino del lamento
Molino del momento
Molino del firmamento
Molino del sentimiento
Molino del juramento
Molino del ardimiento
Molino del crecimiento
Molino del nutrimiento
Molino del conocimiento
Molino del descendimiento
Molino del desollamiento
Molino del elevamiento
Molino del endiosamiento
Molino del alumbramiento
Molino del deliramiento
Molino del aburrimiento
Molino del engreimiento
Molino del escalamiento
Molino del descubrimiento
Molino del escurrimiento
Molino del remordimiento
Molino del redoblamiento

The mill of excitation
The mill of infatuation
The mill of ennumeration
The mill of fortification
The mill of manifestation
The mill of degradation
The mill of accumulation
The mill of disorientation
The mill of crispation
The mill of assassination
The mill of occasion
The mill of amputation
The mill of the divination
The mill of the lamentation
The mill of the duration
The mill of the constellation
The mill of the sensation
The mill of the affirmation
The mill of the conflagration
The mill of the multiplication
The mill of the rejuvenation
The mill of the education
The mill of the dilapidation
The mill of the flagellation
The mill of the elevation
The mill of the deification
The mill of the illumination
The mill of the intoxication
The mill of the exasperation
The mill of the affectation
The mill of the penetration
The mill of the exploration
The mill of the percolation
The mill of the humiliation
The mill of the duplication

Molino del atronamiento
Molino del aturdimiento
Molino del despeñamiento
Molino del quebrantamiento
Molino del envejecimiento
Molino del aceleramiento
Molino del encarnizamiento
Molino del anonadamiento
Molino del arrepentimiento
Molino del encanecimiento
Molino del despedazamiento
Molino del descorazonamiento
Molino en fragmento
Molino en detrimento
Molino en giramiento
Molino en gruñimiento
Molino en sacramento
Molino en pensamiento
Molino en pulsamiento
Molino en pudrimiento
Molino en nacimiento
Molino en apiñamiento
Molino en apagamiento
Molino en decaimiento
Molino en derretimiento
Molino en desvalimento
Molino en marchitamiento
Molino en enfadamiento
Molino en encantamiento
Molino en transformamiento
Molino en asolamiento
Molino en concebimiento
Molino en derribamiento
Molino en imaginamiento
Molino en desamparamiento

The mill of the sedation
The mill of the agitation
The mill of the deprivation
The mill of the altercation
The mill of the antiquation
The mill of the acceleration
The mill of the satiation
The mill of the annihilation
The mill of the expiation
The mill of the deterioration
The mill of the laceration
The mill of the ennervation
The mill in fragmentation
The mill in mutilation
The mill in rotation
The mill in mussitation
The mill in veneration
The mill in contemplation
The mill in pulsation
The mill in disintegration
The mill in gestation
The mill in congregation
The mill in obliteration
The mill in degeneration
The mill in fixation
The mill in desolation
The mill in emaciation
The mill in indignation
The mill in fascination
The mill in transformation
The mill in ruination
The mill in creation
The mill in devastation
The mill in imagination
The mill in abdication

Molino con talento
Molino con acento
Molino con sufrimiento
Molino con temperamento
Molino con fascinamiento
Molino con hormigamiento
Molino con retorcimiento
Molino con resentimiento
Molino con refregamiento
Molino con recogimiento
Molino con razonamiento
Molino con quebrantamiento
Molino con prolongamiento
Molino con presentimiento
Molino con padecimiento
Molino con amordazamiento
Molino con enronquecimiento
Molino con alucinamiento
Molino con atolondramiento
Molino con desfallecimiento
Molino para aposento
Molino para convento
Molino para ungimiento
Molino para alojamiento
Molino para cargamento
Molino para subimento
Molino para flotamiento
Molino para enfriamiento
Molino para embrujamiento
Molino para acogimiento
Molino para apostamiento
Molino para arrobamiento
Molino para escapamiento
Molino para escondimiento
Molino para estrellamiento

The mill with reputation
The mill with intonation
The mill with tribulation
The mill with inclination
The mill with scintillation
The mill with formication
The mill with deformation
The mill with aggravation
The mill with irritation
The mill with conglomeration
The mill with rationalization
The mill with prostration
The mill with prolongation
The mill with anticipation
The mill with resignation
The mill with expurgation
The mill with inflammation
The mill with hallucination
The mill with jubilation
The mill with inanimation
The mill for accomodation
The mill for canonization
The mill for lubrication
The mill for a vacation
The mill for exportation
The mill for levitation
The mill for flotation
The mill for refrigeration
The mill for captivation
The mill for salutation
The mill for speculation
The mill for exhiliration
The mill for absquatulation
The mill for dissimulation
The mill for pulverization

Molino para exaltamiento
Molino para guarecimiento
Molino para levantamiento
Molino para machucamiento
Molino para renovamiento
Molino para desplazamiento
Molino para anticipamiento
Molino para amonedamiento
Molino para profetizamiento
Molino para descoyuntamiento
Molino como ornamento
Molino como elemento
Molino como armamento
Molino como instrumento
Molino como monumento
Molino como palpamiento
Molino como descubrimiento
Molino como anunciamiento
Molino como medicamento
Molino como desvelamiento
Molino a sotavento
Molino a barlovento
Molino a ligamento
Molino a lanzamiento
Molino a mordimiento
Molino a movimiento
Molino que invento
Molino que ahuyento
Molino que oriento
Molino que caliento
Molino que presiento
Molino que apaciento
Molino que transparento
Molino lento
Molino cruento

The mill for elation
The mill for preservation
The mill for insubordination
The mill for trituration
The mill for renovation
The mill for migration
The mill for expectation
The mill for circulation
The mill for prognostication
The mill for dislocation
The mill as decoration
The mill as foundation
The mill as machicolation
The mill as orchestration
The mill as commemoration
The mill as stimulation
The mill as realization
The mill as proclamation
The mill as medication
The mill as observation
Mill to the windward
Mill to the leeward
Mill to the complication
Mill to the ejaculation
Mill to the mastication
Mill to the activation
Mill of my innovation
Mill of my intimidation
Mill of my administration
Mill of my incineration
Mill of my predestination
Mill of my denomination
Mill of my transparentation
Pertinaceous mill
Audacious mill

Molino atento
Molino hambriento
Molino sediento
Molino sangriento
Molino jumento
Molino violento
Molino contento
Molino opulento
Molino friolento
Molino avariento
Molino corpulento
Molino achaquiento
Molino granujiento
Molino ceniciento
Molino polvoriento
Molino cazcarriento
Molino gargajiento
Molino sudoriento
Molino macilento
Molino soñoliento
Molino turbulento
Molino truculento

Así eres molino de viento
Molino de asiento
Molino de asiento del viento
Que teje las noches y las mañanas
Que hila las nieblas de ultratumba
Molino de aspavientos y del viento en aspas
El paisaje se llena de tus locuras

Y el trigo viene y va
De la tierra al cielo
Del cielo al mar
Los trigos de las olas amarillas

Gracious mill
Voracious mill
Rapacious mill
Sagacious mill
Contumaceous mill
Pugnacious mill
Vivacious mill
Capacious mill
Fallacious mill
Tenacious mill
Ostentatious mill
Fugacious mill
Sebacious mill
Carbonaceous mill
Stercoraceous mill
Saponacious mill
Sallacious mill
Alliaceous mill
Coriaceous mill
Inefficacious mill
Minacious mill
Vexatious mill

And so you are windmill
Chilly mill
Mill of the chill of the wind
That weaves the mornings into nights
That spins the mists beyond the grave
Mill of ill-wind and wind in the sills
The landscape fills with your madness

And wheat comes and goes
From the earth to the sky
From the sky to the sea
The wheat's yellow waves

Donde el viento se revuelca
Buscando la cosquilla de las espigas

Escucha
Pasa el palpador en eléctricas corrientes
El viento norte despeina tus cabellos
Hurra molino moledor
Molino volador
Molino charlador
Molino cantador
Cuando el cielo trae de la mano una tempestad
Hurra molino girando en la memoria
Molino que hipnotiza las palomas viajeras

Habla habla molino de cuento
Cuando el viento narra tu leyenda etérea
Sangra sangra molino del descendimiento
Con tu gran recuerdo pegado a los ocasos del mundo
Y los brazos de tu cruz fatigados por el huracán

Así reímos y cantamos en esta hora
Porque el molino ha creado el imperio de su luz escogida
Y es necesario que lo sepa
Es necesario que alguien se lo diga

Sol tú que naciste en mi ojo derecho
Y moriste en mi ojo izquierdo
No creas en los vaticinios del zodíaco
Ni en los ladridos de las tumbas
Las tumbas tienen maleficios de luna
Y no saben lo que hablan
Yo te lo digo porque mi sombrero está cansado de recorrer el
    mundo
Y tengo una experiencia de mariposa milenaria

Where the wind tramps
Tickling itself with the ears of grain

Listen
A feeler's running through the electric current
The north wind rumples your hair
Hurrah for the mill milling
The mill winging
The mill chatting
The mill singing
When the sky takes a storm by the hand
Hurrah for the mill spinning in memory
The mill hypnotizing the carrier pigeons

Speak speak mill of narration
When the wind tells your ethereal tale
Bleed bleed mill of dilapidation
With your great memory stuck to the sunsets of the world
And the arms of your cross worn down by the hurricane

So now we laugh and sing
For the mill has built an empire from its chosen light
And it must be known
And it must be said

Sun you were born in my right eye
And you died in my left
Don't believe in predictions based on the zodiac
Or the barking that comes from the tombs
The tombs are under the spell of the moon
And don't know what they're saying
I tell you this because my hat is tired of wandering the world
And I'm as worldly-wise as the millenial butterfly

Profetiza profetiza
Molino de las constelaciones
Mientras bailamos sobre el azar de la risa
Ahora que la grúa que nos trae el día
Volcó la noche fuera de la tierra

Empiece ya
La farandolina en la lejantaña de la montanía
El horimento bajo el firmazonte
Se embarca en la luna
Para dar la vuelta al mundo
Empiece ya
La faranmandó mandó liná
Con su musiquí con su musicá

La carabantantina
La carabantantú
La farandosilina
La Farandú
La Carabantantá
La Carabantantí
La farandosilá
La faransí

Ríe ríe antes que venga la fatiga
En su carro nebuloso de días
Y los años y los siglos
Se amontonen en el vacío
Y todo sea oscuro en el ojo del cielo

La cascada que cabellera sobre la noche
Mientras la noche se cama a descansar
Con su luna que almohada al cielo

Prophesy prophesy
Mill of the constellations
While we dance on the chance of laughter
Now that the derrick that brings us to the day
Has flipped the night over beyond the earth

Crank it up
The farandolin* in the mountance distain
The skorizon under the hy
Is boarding the moon
To go round the world
Crank it up
The faranmandole that manned a linn
With its musickeys with its musicalls

Jambojamboree
Jamjamborole
Fafarandolee
Fafafarandole
Jamjambolina
Jamjambospree
Faranearina
Farandosea

Laugh and laugh before weariness comes
On its misty carriage of days
And years and centuries
Pile up in space
And everything's dark in the eye of the sky

The waterfall tresses over the night
While the night couches to rest
On its moon that pillows the sky

* *Farandole:* the traditional French dance.

Yo ojo el paisaje cansado
Que se ruta hacia el horizonte
A la sombra de un árbol naufragando

Y he aquí que ahora me diluyo en múltiples cosas
Soy luciérnaga y voy iluminando las ramas de la selva
Sin embargo cuando vuelo guardo mi modo de andar
Y no sólo soy luciérnaga
Sino también el aire en que vuela
La luna me atraviesa de parte a parte
Dos pájaros se pierden en mi pecho
Sin poderlo remediar.
Y luego soy árbol
Y en cuanto a árbol conservo mis modos de luciérnaga
Y mis modos de cielo
Y mi andar de hombre mi triste andar
Ahora soy rosal y hablo con lenguaje de rosal
Y digo
Sal rosa rorasalía
Sal rosa al día
Salía al sol rosa sario
Fueguisa mía sonrodería rososoro oro
Ando pequeño volcán del día
Y tengo miedo del volcán
Mas el volcán responde
Prófugo rueda al fondo donde ronco
Soy rosa de trueno y sueno mis carrasperas
Estoy preso y arrastro mis propios grillos
Los astros que trago crugen en mis entrañas
Proa a la borrasca en procesión procreadora
Proclamo mis proezas bramadoras
Y mis bronquios respiran en la tierra profunda
Bajo los mares y las montañas.
Y luego soy pájaro
Y me disputo el día en gorgeos

I retina the sleepy land
That itineraries toward the horizon
In the shade of a shipwrecking tree

And here I must dissolve myself into many things
I'm a firefly lighting the forest branches
Yet as I fly I keep to my way of walking
And I'm not only a firefly
But also the air in which I fly
The moon travels through me from side to side
Two birds are lost in my chest
Nothing can help them
And then I'm a tree
And while I'm a tree I keep to my firefly ways
And my sky ways
And my man's walk my sad walking
Now I'm a rosebush speaking rose language
And I say
Go rose rosarosaray
Grow rose this day
Rosary rose and rows away
Fireway my blushery rosearose erosy ears
I walk a little volcano of the day
And I'm afraid of volcanoes
But the volcano replies
Runaway wheel at the depths where I snore
I am the rose of thunder and I clear my throat
I'm a prisoner dragging the irons I shackled
The stars I drink creak in my belly
Prow to the tempest in the procreative procession
I proclaim my prowess roaring
And my bronchus wheezes deep in the earth
Under the seas and mountains
And then I'm a bird
And I nitpick the day with twitters

El día que me cruza la garganta
Ahora solamente digo
Callaos que voy a cantar
Soy el único cantor de este siglo
Mío mío es todo el infinito
Mis mentiras huelen a cielo
Y nada más
Y ahora soy mar
Pero guardo algo de mis modos de volcán
De mis modos de árbol de mis modos de luciérnaga
De mis modos de pájaro de hombre y de rosal
Y hablo como mar y digo
De la firmeza hasta el horicielo
Soy todo montalas en la azulaya
Bailo en las volaguas con espurinas
Una corriela tras de la otra
Ondola en olañas mi rugazuelo
Las verdondilas bajo la luna del selviflujo
Van en montonda hasta el infidondo
Y cuando bramuran los hurafones
Y la ondaja lanza a las playas sus laziolas
Hay un naufundo que grita pidiendo auxilio
Yo me hago el sordo
Miro las butraceas lentas sobre mis tornadelas
La subaterna con sus brajidos
Las escalolas de la montasca
Las escalolas de la desonda
Que no descansan hasta que roen el borde de los altielos
Hasta que llegan al abifunda
En tanto el pirata canta
Y yo lo escucho vestido de verdiul

       La lona en el mar riela
       En la luna gime el viento
       Y alza en blanco crugimiento
       Alas de olas en mi azul

The day that hangs a cross on my neck
And now all I can say is
Silence I'm about to sing
I'm the only singer of the century
All infinity is mine alone
My lies smell of heaven
And that's all
And now I'm the sea
But I keep to my volcano ways
My tree ways my firefly ways
My bird and man and rosebush ways
And I talk like the sea and I say
From the high headens to the skoryzon
I'm all the sierrawings on the seazure
I dance in surfles on my whitetaps
One pierouette after another
My azurinkles tripple with ridgles
Deep in the fluxwood under the moon
Paratweets soar to the infinicircle in himalayawaves
And when the hurrifoons crashboomroar
And the slatecaps hurl their wavelines to the shore
There's a shipspeck that cries out for help
And I pretend I'm deaf
I watch the slow erasetracks across my laplapis
The choirbuoy and his endless wailblubbering
The stairwaves of the rangestorm
The stairwaves of dispume
That never rest till they gnaw at the edge of highyonder
Till they reach the phanchasm
While in the meantime the pirate sings
And I listen to him dressed in azurine
            The sail on the sea it shimmers
            And the wind howls up on the moon
            The creaky white is hoisted high
            And waves are the wings in my blue

El mar se abrirá para dejar salir los primeros náufragos
Que cumplieron su castigo
Después de tantos siglos y más siglos
Andarán por la tierra con miradas de vidrio
Escalarán los montes de sus frases proféticas
Y se convertirán en constelaciones
Entonces aparecerá un volcán en medio de las olas
Y dirá yo soy el rey
Traedme el harmonio de las nebulosas
Y sabed que las islas son las coronas de mi cabeza
Y las olas mi único tesoro
Yo soy el rey
El rey canta a la reina
El cielo canta a la ciela
El luz canta a la luz
La luz que busca el ojo hasta que lo encuentra.
Canta el cielo en su lengua astronómica
Y la luz en su idioma magnético
Mientras el mar lame los pies de la reina
Que se peina eternamente
Yo soy el rey
Y os digo que el planeta que atravesó la noche
No se reconoce al salir por el otro lado
Y mucho menos al entrar en el día
Pues ni siquiera recuerda cómo se llamaba
Ni quiénes eran sus padres
Dime ¿eres hijo de Martín Pescador
O eres nieto de un cigüeña tartamuda
O de aquella jirafa que vi en medio del desierto
Pastando ensimismada las yerbas de la luna
O eres hijo del ahorcado que tenía ojos de pirámide?
Algún día lo sabremos
Y morirás sin tu secreto
Y de tu tumba saldrá un arco-iris como un tranvía

The sea will part and release the first shipwrecked
Who have completed their sentences
After centuries and more centuries
They'll walk through the earth with glassy stares
They'll climb the mountains of prophetic remarks
And turn into constellations
Then a volcano will appear in the middle of the waves
And say I am the king
Bring me the harmonium of the nebulae
And know that islands are the crowns of my head
And waves my only treasure
I am the king
The king sings to the queen
The spring sings to the spreen
The sing sings to the seen
The seen that seeks the eye that finds it
The sky sings in astronomical language
And light sings in its magnetic tongue
While the sea licks the feet of the queen
Who endlessly preens
I am the king
And I say that the planet that crossed through the night
Couldn't recognize itself when it came out on the other side
And it was worse as it went into day
Then it couldn't even remember its name
Or who its parents were
Tell me—are you the son of the Fisher King?
Or the grandson of a stork with a stutter?
Do you descend from that giraffe I saw in the middle of the
        desert
Absorbed in grazing on the grass of the moon?
Or are you the son of the hanged man with pyramid eyes?
Someday we'll know
And you'll die with no secrets
And from your tomb will come a rainbow like a trolley

Del arco-iris saldrá una pareja haciendo el amor
Del amor saldrá una selva errante
De la selva saldrá una flecha
De la flecha saldrá una liebre huyendo por los campos
De la liebre saldrá una cinta que irá señalando su camino
De la cinta saldrá un río y una catarata que salvará a la liebre de
       sus perseguidores
Hasta que la liebre empiece a trepar por una mirada
Y se esconda al fondo del ojo

Yo soy el rey
Los ahogados florecen cuando yo lo mando
Atad el arco-iris al pirata
Atad el viento a los cabellos de la bruja
Yo soy el rey
Y trazaré tu horóscopo como un plan de batalla

Oyendo esto el arco-iris se alejaba
A dónde vas arco-iris
No sabes que hay asesinos en todos los caminos?
El iris encadenado en la columna montante
Columna de mercurio en fiesta para nosotros
Tres mil doscientos metros de infra-rojo
Un extremo se apoya en mi pie y el otro en la llaga de Cristo
Los domingos del arco-iris para el arcángel
¿En dónde está el arquero de los meteoros?
El arquero arcaico
Bajo la arcada eterna el arquero del arcano con su violín violeta
       con su violín violáceo con su violín violado
Arco-iris arco de las cejas en mi cielo arqueológico
Bajo el area del arco se esconde el arca de tesoros preciosos
Y la flor montada como un reloj
Con el engranaje perfecto de sus pétalos

From the rainbow will come a couple making love
From love will come a wandering forest
From the forest will come an arrow
From the arrow will come a rabbit racing through the fields
From the rabbit will come a ribbon that will mark its way
From the ribbon will come a river and a rapids to rescue the
       rabbit from its hunters
Until the rabbit hops up a glance
And hides at the bottom of an eye

I am the king
The drowned blossom at my command
Tie the rainbow to the pirate
Tie the wind to the witch's hair
I am the king
And I draw your horoscope like a plan for attack

Hearing this the rainbow creeped away
Where are you going rainbow?
Don't you know there are killers on the roads?
Rainbow chained to the standing pillar
Pillar of mercury decked out for us
Thirty-two hundred yards of infrared
One end resting on my foot and the other in the wound of
       Christ
Rainbow Sundays for the archangel
Where is the archer of the meteorites?
The archaic archer
Under the ancient arcade the archer of the arcanum with his
       violet violin with his violaceous violin with his violated
       violin
Rainbow eyebrow arch in my archeological sky
Hidden in the area under the arch is the ark of precious jewels
And the flower wound like a clock
With the perfect gears of its petals

147

Ahora que un caballo empieza a subir galopando por el arco-
     iris
Ahora la mirada descarga los ojos demasiado llenos
En el instante en que huyen los ocasos a través de las llanuras
El cielo está esperando un aeroplano

Y yo oigo la risa de los muertos debajo de la tierra

Now that a horse starts to gallop up the rainbow
Now that the glance unpacks its overstuffed eyes
And sunsets escape across the fields
The sky waits for an airplane

And I hear the dead laughing under the earth

· CANTO VI ·

Alhaja apoteosis y molusco
Anudado
      noche
         nudo
El corazón
Esa entonces dirección
             nudo temblando
Flexible corazón la apoteosis
Un dos tres
       cuatro
lágrima
     mi lámpara
         y molusco
El pecho al melodioso
Anudado la joya
Conque temblando angustia
Normal tedio
        Sería pasión
        Muerte el violoncelo
Una bujía el ojo
         Otro otra
Cristal si cristal era
Cristaleza
Magnetismo
       sabéis la seda

· CANTO VI ·

Trinket apotheosis and mollusk
Knotted
            nude
                  night
The heart
The way that then
                        quivering knot
Apotheosis flexible heart
One two three
                  four
Teardrop
            my lamplight
                        and mollusk
Chest to the melody
Knotted jewel
There then the quivering affliction
Normal boredom
                        Could be passion
                        Cello death
The eye a candle
                        Either other
Crystal if crystal it were
Crystalinity
Magnetism
            silk you know

Viento flor
        lento nube lento
Seda cristal lento seda
El magnetismo
          seda aliento cristal seda
Así viajando en postura de ondulación
Cristal nube
Molusco sí por violoncelo y joya
Muerte de joya y violoncelo
Así sed por hambre o hambre y sed
Y nube y joya
Lento
    nube
      Ala ola ole ala Aladino
El ladino Aladino Ah ladino dino la
Cristal nube
Adónde
    en dónde
Lento lenta
      ala ola
Ola ola el ladino si ladino
Pide ojos
      Tengo nácar
En la seda cristal nube
Cristal ojos
     y perfumes
Bella tienda
Cristal nube
      muerte joya o en ceniza
Porque eterno porque eterna
          lento lenta
Al azar del cristal ojos
Gracia tanta
     y entre mares
Miramares

Wind flower
            slow cloud slow
Silk slow crystal silk
Magnetism
            Breath silk silk crystal
And thus traveling in the manner of waves
Cloud crystal
Mollusk yes from cello and jewel
Death of the jewel and the violoncello
Thus thirst from hunger or hunger and thirst
And cloud and jewel
Slow
      cloud
      A wave a slave a lad in a cave
All add in a wave slave Aladdin's cave all a din
Cloud crystal
Where
        in where
Slowly slow
                a wave a cave
Wave a wave slave if a slave
Begs for eyes
                I have the nacre
In cloud crystal silk
Eyes crystal
                and perfumes
The lovely shop
Cloud crystal
                jewel death or in ashes
For heternity for sheternity
                                slowly slow
By chance the eyes crystal
Such grace
            between the seas
Sea views

Nombres daba
                    por los ojos hojas mago
Alto alto
Y el clarín de la Babel
Pida nácar
                tenga muerte
Una dos y cuatro muerte
Para el ojo y entre mares
Para el barco en los perfumes
Por la joya al infinito
Vestir cielo sin desmayo
Se deshoja tan prodigio
El cristal ojo
Y la visita
                flor y rama
Al gloria trino
                    apoteosis
Va viajando Nudo Noche
Me daría
            cristaleras
            tanto azar
                        y noche y noche
Que tenía la borrasca
Noche y noche
                    Apoteosis
Que tenía cristal ojo cristal seda cristal nube
La escultura seda o noche
Lluvia
        Lana flor por ojo
                Flor por nube
                Flor por noche
Señor horizonte viene viene
Puerta
Iluminando Negro
Puerta hacia idas estatutarias

Names given
                for magician leaf eyes
Tall tall
And the trumpet of Babel
Beg for nacre
                Have death
One two and four death
For the eye between seas
For the ship on the perfume
For the jewel to infinity
To dress the sky without dismay
Such wonder unveiling
The eye crystal
And the journey
                flower and branch
To *gloria* trilling
                apotheosis
Goes traveling Knot Night
Would give me
                crystal pieces
                                such chance
                                        and night and night

The storm's
Night and night
                Apotheosis
Eye crystal silk crystal cloud crystal
Sculpture of silk or night
Rain
    Wool flower by eye
            Flower by cloud
            Flower by night
Look here swoops the lord horizon
The door
Shining black
The door to statuary travels

Estatuas de aquella ternura
A dónde va
De dónde viene
                    el paisaje viento seda
El paisaje
            señor verde
Quién diría
Que se iba
Quién diría cristal noche
Tanta tarde
Tanto cielo que levanta
Señor cielo
                cristal cielo
Y las llamas
                y en mi reino
Ancla noche apoteosis
Anudado
            la tormenta
Ancla cielo
                sus raíces
El destino tanto azar
Se desliza deslizaba
Apagándose pradera
Por quien sueña
Lunancero cristal luna
En que sueña
En que reino
                de sus hierros
Ancla mía golondrina
Sus resortes en el mar
Angel mío
                tan obscuro
                            tan color
Tan estatua y tan aliento
Tierra y mano

Statues of that tenderness
Where is it going
Where does it come from
                    silk wind land
The land
        lord green
Who can say
It's leaving
Who can say night crystal
Such evening
Such sky rising
Lord sky
        sky crystal
And the flames
                in my kingdom
Night anchors knotted
Apotheosis
            the storm
Sky anchors
            its roots
Fate such chance
Slips slipping off
Dimming the meadow
For whoever dreams
Serelunade moon crystal
In which it dreams
In which I reign
                from its irons
My swallow anchors
Its sources in the sea
My angel
        such darkness
                    such color
Such statue and such breath
Earth and hand

La marina tan armada
Armaduras los cabellos
Ojos templo
                y el mendigo
Estallado corazón
Montanario
Campañoso
Suenan perlas
Llaman perlas
El honor de los adioses
                              Cristal nube
El rumor y la lazada
Nadadora
              Cristal noche
La medusa irreparable
Dirá espectro
                   Cristal seda
Olvidando la serpiente
Olvidando sus dos piernas
Sus dos ojos
Sus dos manos
Sus orejas
Aeronauta
                en mi terror
Viento aparte
Mandodrina y golonlina
Mandolera y ventolina
Enterradas
Las campanas
Enterrados los olvidos
En su oreja
                    viento norte
Cristal mío
Baño eterno
                el nudo noche

Marines well-armed
Armored hair
Sanctuary eyes
                    and the beggar
Heart exploded
Mountain tower
Bell sierra
Pearls ring
Pearls invoke
The honor of goodbye
                              Cloud crystal
The whisper and the knotted bow
Swimmer
                    Night crystal
Ruined Medusa
Will say a ghost
                         Silk crystal
Forgetting the serpent
And its two legs
Two eyes
Two hands
Its ears
Aeronaut
               in my terror
Wind aside
Swallowlin and mandotail
Mandowind and gust of lin
The bells
Buried
The forgotten buried
In its ear
                  north wind
My crystal
Bath eternal
               night knot

El gloria trino
          sin desmayo
Al tan prodigio
Con su estatua
Noche y rama
          Cristal sueño
          Cristal viaje
Flor y noche
Con su estatua
          Cristal muerte

Gloria trilling
   without dismay
At such wonder
And its statue
Night and branch
     Dream crystal
     Journey crystal
Flower and night
And its statue
    Crystal death

• CANTO VII •

Ai aia aia
ia ia ia aia ui
Tralalí
Lali lalá
Aruaru
      urulario
Lalilá
Rimbibolam lam lam
Uiaya zollonario
         lalilá
Monlutrella monluztrella
             lalolú
Montresol y mandotrina
Ai ai
    Montesur en lasurido
    Montesol
Lusponsedo solinario
Aururaro ulisamento lalilá
Ylarca murllonía
Hormajauma marijauda
Mitradente
Mitrapausa
Mitralonga
Matrisola
      matriola
Olamina olasica lalilá

• CANTO VII •

Ahee aheeah aheeah
eeah eeah eeah aheeah oohee
Tralalee
Lalee lala
Ahruahru
            Cuckooinary
Laleela
Echocokoo coo ecku
Ooheeahyah boohooinary
                        laleela
Sierrastraluna sierrastralux
                        laloloo
Trierrasun and trillolin
Ahee ahee
            Sierrasouth in shoutseairr
            Sierrasun
Solinary echolux
Raraurora ecoplaining laleela
Ndanark harmurmony
Mutopiform matropia
Mitertusker
Miterlapsing
Miterslonga
Matrilonial
            Matrimola
Matrimocean tradisea laleela

Isonauta
Olandera uruaro
Ia ia campanuso compasedo
Tralalá
Aí ai mareciente y eternauta
Redontella tallerendo lucenario
Ia ia
Laribamba
Larimbambamplanerella
Laribambamositerella
Leiramombaririlanla
              lirilam
Ai i a
Temporía
Ai ai aia
Ululayu
      lulayu
            layu yu
Ululayu
      ulayu
            ayu yu
Lunatando
Sensorida e infimento
Ululayo ululamento
Plegasuena
Cantasorio ululaciente
Oraneva yu yu yo
Tempovío
Infilero e infinauta zurrosía
Jaurinario ururayú
Montañendo oraranía
Arorasía ululacente
Semperiva
         ivarisa tarirá

Equinaut
Bannersea raruckoo
Eeah eeah campanily acompassy
Tralala
Ahee ahee renaissea and eterninaut
Spherintella intellasphere venusinary
Eeah eeah
Teeteeterynx
Teeteeteeplanynx
Planeteeterlarystarmur
Phanireadarcrystamour
                     Larylyra nx
Ahee ee ah
Temporarr
Ahee ahee aheeah
Ululayou
       lullayou
             layou you
Ululayou
       ulayou
             ahyou you
Moonaluning
Sensiwound and infiment
Ululayo ululament
Hymnatolling
Chanteloping ululaissance
Hallenujah I you you
Tempolary
Infilite and infinaut buzziety
Houndinary uruahyou
Mountatuning faraprayer
Aurorarary lullascent
Foraliiver
       Lafterlefter dadeedah

Campanudio lalalí
        Auriciento auronida
Lalalí
      io ia
i i i o
Ai a i ai a i i i i o ia

Combellation lalalee
      Auricental centaurora
Lalalee
      Eeoh eeah
ee ee ee oh
Ahee ah ee ahee ah ee ee ee ee oh eeah

• VICENTE HUIDOBRO •

Vicente Huidobro was born in Chile in 1893, and spent most of his adult life in Paris and Barcelona. He was, among other things, a bilingual poet, novelist, screenplay writer, war correspondent, painter, political and aesthetic propagandist, founder of newspapers and literary magazines, and candidate for President of Chile. He worked closely with Apollinaire, Reverdy, Gris, Arp, Robert Delaunay, Picasso, and the young Borges, and was the perennial enemy of Pablo Neruda. He died in Chile in 1948.

• ELIOT WEINBERGER •

Eliot Weinberger has translated widely from Latin American literature, most notably from the work of Octavio Paz. His most recent publications include a book of essays, *Works on Paper,* and Paz's *The Collected Poems 1957–1987,* both published by New Directions.

Cover painting, *Dawn at Waca Del Sol,*
by César Paternosto, 1983.

This book was designed by Tree Swenson.

The Typeworks set the Galliard type.

The book was manufactured by Arcata Graphics.

• PALABRA SUR •

Edited by Cecilia Vicuña

ALTAZOR

A Poem by Vicente Huidobro

Translated by Eliot Weinberger

A PLAN FOR ESCAPE

A Novel by Adolfo Bioy-Casares

Translated by Suzanne Jill Levine

Library of Congress Cataloging-in-Publication Data

Huidobro, Vicente, 1893–1948.
   Altazor, or, A voyage in a parachute.

   (Palabra sur)
   I. Title   II. Title: Altazor.   III.Title: Voyage
in a parachute.   IV. Series.
PQ8097.H8A813   1988   861   87-83082
ISBN 1-55597-106-7